Marc Chagall · Klaus Mayer Ich bin mit dir

Marc Chagall · Klaus Mayer

Ich bin mit dir

Der Weg Gottes mit seinem Volk
im farblithographischen Zyklus des Jahres 1966
zum Buch Exodus

Echter Verlag

CIP-Titelaufnahme der Deutschen Bibliothek

Mayer, Klaus:
Ich bin mit dir : der Weg Gottes mit seinem Volk im farblithographischen Zyklus des Jahres 1966 zum Buch Exodus / Klaus Mayer. Marc Chagall. – Würzburg : Echter, 1989
ISBN 3-429-01197-3
NE: Chagall, Marc [III.]

Die Bibeltexte sind der Einheitsübersetzung der Heiligen Schrift (© Kath. Bibelanstalt, Stuttgart 1980) entnommen.

Die Originale sind erschienen bei Léon Amiel, Paris – New York 1966
Fotograf: Kurt Gramer
Satz, Druck, buchbinderische Verarbeitung:
Echter Würzburg,
Fränkische Gesellschaftsdruckerei und Verlag GmbH
Lithos: G. Held, Würzburg
ISBN 3-429-01197-3

Marc Chagall,
dem Mystiker und Bildpropheten,
und seiner von ihm
überaus geliebten Frau Vava
in dankbarer Verehrung

Unter dem auf die schlichte Grabplatte übertragenen, ihr umrißhaft eingemeißelten Motiv des Künstlers, dem »Engel mit dem Leuchter«, ist zu lesen:

MARC CHAGALL
1887–1985

Wenige Schriftzeichen auf dem Friedhof von St. Paul de Vence, die sein Grab bezeichnen, seinen Namen benennen, Anfang und Ende seines Erdenlebens, Geburts- und Sterbejahr umreißen! Und doch, wieviel umschließen Namen und Daten dieses Menschen, der ein Geschenk für die Welt, einer der bedeutendsten Maler des 20. Jahrhunderts ist, der »Meister der Farbe und der biblischen Botschaft«, auch »Malerpoet« oder der »lyrische Maler« genannt wird, der das sein und geben konnte, was er war und gab, weil diesem jüdischen Künstler russischer Herkunft, neben künstlerischer Genialität und über sie hinaus, von Gott Gaben geschenkt waren, die ihn als Mystiker und Bildpropheten erweisen. In dem Bewußtsein des Geheimnisses, das jeder Mensch in sich birgt, zumal eine so tiefgründige Persönlichkeit wie Marc Chagall, wage ich den Versuch einer Hinführung.

Dieses Buch befaßt sich mit einem farblithographischen Zyklus des Künstlers, geschaffen im Jahre 1966. »MARC CHAGALL – THE STORY OF THE EXODUS« ist der Titel des Zyklus, der bei Léon Amiel Paris – New York erschienen ist, einer Mappe mit 24 Farblithographien. 23 Blätter haben die Maße 50 x 37 cm, die letzte Lithographie ist ein Doppelblatt (vgl. Mourlot, Chagall: Lithographe III Nr. 444–467).
Als Vorlage für die Reproduktionen in diesem Buch diente das auf Japanpapier gedruckte Exemplar V, das zusätzlich zur Signatur auf der Mappe eine weitere auf dem ersten Blatt aufweist. Es wurde nach der vom 30. 9. bis 29. 10. 1978 gezeigten Chagall-Ausstellung vom Landesmuseum Mainz erworben im Zusammenhang mit der am 23. 9. 1978 erfolgten Übergabe des ersten Kirchenfensters von Marc Chagall für die St.-Stephans-Kirche in Mainz. Herrn Direktor Dr. Berthold Roland und seinem Haus danke ich für die Erlaubnis und Unterstützung bei der Erstellung der für die Reproduktionen erforderlichen Fotoaufnahmen, die Kurt Gramer meisterhaft ausführte.
Zur Vorbereitung seines farblithographischen Zyklus zum Exodus schuf Marc Chagall zunächst Zeichnungen mit Bleistift auf Transparentpapier. Ihnen folgten 28 Gouachen, von denen 24 – teils leicht abgeändert oder vervollständigt – in den farblithographischen Zyklus aufgenommen sind. Zeichnungen und Gouachen sind jetzt im Besitz des französischen Staates. Den folgenden Bildbetrachtungen liegt der Endzustand in den im Buch reproduzierten Farblithographien zugrunde.

Es ist ein Buch der Bibel, zu dem Marc Chagall seinen farblithographischen Zyklus geschaffen hat: das 2. Buch Mose. Aus der Bezeichnung geht schon hervor, daß diese biblische Schrift Teil eines Gesamtwerkes, der »fünf Bücher Mose«, des Pentateuch ist. So finden wir zu manchen Passagen des 2. Buches Mose Parallelberichte in den nachfolgenden Büchern. Erst zu Ende des 5. Buches wird dann der Tod des Mose berichtet.
Mose ist nicht der Verfasser der fünf Bücher. Im Pentateuch fließen verschiedene Quellenschriften zusammen. Jede von ihnen war eigenständig, überlieferte Offenbarungsgut der Vor- und Frühgeschichte Israels entsprechend mündlicher Überlieferung, die zu verschiedenen Zeiten aufgeschrieben wurde.
Nach den Erkenntnissen der Bibelwissenschaft dürften die Zehn Worte (Gebote), das Danklied des Mose, die Bestimmungen in 2 Mose 34,11–36 schon zur Zeit des Mose aufgezeichnet sein. Für den Auszug aus Ägypten wird die zweite Hälfte des 13. Jahrhunderts vor unserer Zeitrechnung angenommen. Die Endredaktion der »fünf Bücher Mose« dürfte bis Ende des 5. Jahrhunderts vor Christus erfolgt sein.
Die hebräische Bibel nennt das 2. Buch Mose nach den ersten Worten, mit denen es beginnt: »Elle Schemót« (Das sind die Namen), nämlich »der Söhne Israels, die nach Ägypten gekommen waren« (2 Mose 1,1). Damit schließt sich diese Schrift dem 1. Buch Mose an, das mit dem Tod und Begräbnis Jakobs (Israels) und dem Heimgang seines Sohnes Josef endet. Zwar geht es jetzt nicht mehr um die Söhne Jakobs, da »vierhundertdreißig Jahre« (Ex 12,40) vergangen sind, aber um ihre Nachkommen, die Zwölf Stämme Israels in Ägypten.
In der lateinischen Übersetzung der hebräischen Bibel, der »Septuaginta«, erhält dann das 2. Buch Mose den Namen »Exodus« (Auszug) entsprechend dem ersten Teil, der Herausführung des Volkes Israel aus Ägypten. Dieser heute gebräuchlichen Bezeichnung »Exodus« schließt sich Marc Chagall im Titel seines farblithographischen Zyklus

»THE STORY OF THE EXODUS« an. So ist auch in diesen die Farblithographien begleitenden Texten vom Buch Exodus (Ex) die Rede.
Nicht nur im Pentateuch, sondern insgesamt in sechsunddreißig biblischen Schriften – über die Evangelien, die Apostelgeschichte, fünf Briefe der Apostel, bis hin zur Offenbarung des Johannes – wird Mose erwähnt, zitiert, mehr oder weniger ausführlich über ihn berichtet. Das ist verständlich, wenn wir die Würdigung des Mose lesen, mit der die fünf Bücher schließen: »Niemals ist in Israel ein Prophet wie Mose aufgetreten. Ihn hat der Herr Auge in Auge berufen. Keiner ist ihm vergleichbar wegen all der Zeichen, die er in Ägypten im Auftrag des Herrn an Pharao, an seinem ganzen Hof und an seinem ganzen Land getan hat, wegen all der Beweise seiner starken Hand wegen all der furchterregenden und großen Taten, die Mose vor den Augen von ganz Israel vollbracht hat« (Dtn 34,10–12).

Im jüdischen liturgischen Festkreis befassen sich die drei großen Wallfahrtsfeste mit Heilsereignissen aus dem Buch Exodus: Das Pessachfest, verbunden mit dem »Fest der Ungesäuerten Brote«, feiert im Frühling die Befreiung aus der Knechtschaft der Ägypter und die Volkwerdung Israels. Schawout um Pfingsten ist nicht nur Erntefest, sondern feiert die Offenbarung Gottes am Sinai, die Berufung Israels zum heiligen Volk. Sukkot, das Laubhüttenfest, feiert im Herbst den göttlichen Schutz während der Wüstenwanderung. Und auch das Fest Simchat Tora, der Freude am Gesetz, schließt, wenn auch darüber hinausgehend, die im Buch Exodus geoffenbarte Weisung Gottes mit ein. Das Buch Exodus birgt die zentrale Glaubenserfahrung Israels in sich. Und mit diesem, in den Hochfesten des Jahreskreises gefeierten Heilsgeschehen ist die große Persönlichkeit des Propheten, Führers und Mittlers Mose verbunden.

Ebenso durchziehen das in den fünf Büchern Mose berichtete Heilsgeschehen und Mose selbst das Kunstschaffen von Marc Chagall, ob wir an die Exodusmotive in La Bible und den Dessins pour la Bible denken oder an jene in großformatigen Ölgemälden, Gouachen, Radierungen, Lithographien und Monotypen. Auch in Keramikplatten, Wandkeramik, Mosaik und Skulpturen, Wandbehängen und Kirchenfenstern hat der Künstler Exodusmotive gestaltet. Und darüber hinaus finden wir in vielen Bildern – nicht nur mit biblischen Motiven – wie etwa in dem Ölgemälde »Ma Vie« (Mein Leben) – nie ohne Grund – Mose mit den Tafeln des Bundes als Bildelement. Eine Besonderheit des Zyklus »THE STORY OF THE EXODUS« des Jahres 1966 ist es, daß Marc Chagall sich hier auf im Buch Exodus berichtetes Heilsgeschehen beschränkt und sich in der Reihenfolge dem Ablauf des Buches anschließt. So finden wir für diesen Zyklus zwar noch eine Vorzeichnung, aber keine Farblithographie vom Tod des Mose, weil davon nicht im Buch Exodus, sondern im Buch Deuteronomium (5. Buch Mose) berichtet wird.

Die Technik der Lithographie zu beschreiben, würde Rahmen und Anliegen dieses Buches übersteigen, zumal diese Technik seit ihrer Erfindung 1779 durch Aloys Senefelder weiterentwickelt und verfeinert wurde. Jedenfalls hat Marc Chagall, nachdem er sich ihr zugewandt, Lithographie und Farblithographie sehr liebgewonnen ob der in ihr liegenden Möglichkeiten, nicht zuletzt jener der Vervielfältigung des Originals. Im Vorwort zu Lithographe I, Seite 11, schreibt Marc Chagall 1960: »Mir kommt es vor, als würde mir etwas fehlen, wenn ich mich von einer bestimmten Zeit meines Lebens ab außerhalb der Malerei nicht auch mit der Gravüre und der Lithographie befaßt haben würde. Schon in meiner frühen Jugend, als ich zu zeichnen begann, suchte ich nach einem Ausdrucksmittel, das große Weite eröffnet, so wie ein breiter Strom, der nach entfernten und lockenden Ufern fließt. Beugte ich mich über einen lithographischen Stein oder eine Kupferplatte, so war es mir, als ob ich einen Talisman (zauberkräftigen Gegenstand) berührte. Es schien mir, darin alle meine Betrübnisse und alle meine Freuden bergen zu können.«

Auffallend ist die starke Farbigkeit im Zyklus zum Buch Exodus. Die Farben sind viel kontrastreicher, härter als etwa die lieblichen, zarten Farben im Zyklus »Daphnis und Chloë« des Jahres 1961. Wenn von diesem Zyklus gesagt wurde, er sei der Höhepunkt des farblithographischen Schaffens von Marc Chagall, so erscheint mir dieses Urteil etwas voreilig. Die Farben des Exodus-Zyklus müssen anders sein – nämlich so, wie sie sind –, denn die Farben sind nie willkürlich gewählt, sondern der jeweiligen Gegend, den dortigen Lichtverhältnissen, der Atmosphäre und Thematik angepaßt.

Der antike Liebesroman »Daphnis und Chloë« spielt auf der lieblichen Insel Lesbos in Griechenland. Marc Chagall hat die Insel zweimal besucht, um Licht und Atmosphäre in sich aufzunehmen und dann in seine Lithographien einfließen zu lassen. Und da es zudem um eine Liebesgeschichte geht, muß auch die Thematik in der gewählten Farbigkeit ihren Ausdruck finden. Anders sind die Farben in dem ersten farblithographischen Zyklus von Marc Chagall, den »Arabian Nights« (Arabische Nächte) 1946. Diese verträumten Farben, die sich zuweilen zu orientalischer Buntheit steigern, nehmen das Fluidum arabischer Märchenwelt in sich auf. Und ganz anders ist es um die Lichtverhältnisse bestellt in Ägypten, in der Wüste, auf der Sinaihalbinsel. In der prallen Glut der Wüstensonne sind vom Licht her die Kontraste härter, und außerdem geht es im Buch Exodus um Geschichte, heilsgeschichtliche Begebenheiten, biblische, zuweilen sehr harte Lebenswirklichkeit. Das alles strömt in die Farblithographien zum Buch Exodus ein.

Der Bibel geht es niemals nur um Vordergründiges, sondern ganz wesentlich um das Hintergründige, um den in seiner Schöpfung und ihrer Geschichte sich offenbarenden, wirkenden Gott. Bei Marc Chagall bilden sein biblisches Weltbild und seine Kunst eine unlösbare Einheit, wie er selbst bekennt: »Seit meiner frühesten Jugend hat mich schon die Bibel in ihren Bann gezogen. Die Bibel schien mir – und scheint mir noch heute – die reichste poetische Quelle aller Zeiten zu sein. Seitdem habe ich ihren Widerschein im Leben und in der Kunst gesucht. Die Bibel ist wie ein Widerhall der Natur, und ich habe danach gestrebt, dieses Geheimnis weiterzugeben.« Und der Künstler fügte hinzu: »Was mich angeht, so ist die Vollkommenheit in der Kunst wie auch im Leben aus jener biblischen Quelle entsprungen« (7. 7. 1973). So ist Marc Chagall denn auch zum »Meister der biblischen Botschaft« geworden. Schon von der Zahl her hat kein Künstler so viele biblische Motive gestaltet wie er, und diese gleichzeitig so lebensnah und visionär.

Diese Einheit von biblischem Weltbild und Kunst fließt in sein Schaffen ein, lenkt seine Malweise in eine ganz bestimmte Richtung: im Geiste der Bibel und in seinen Bildern

Hintergründiges, Übergründiges zu veranschaulichen. Ein schwieriges Unterfangen, dem Marc Chagall sich nicht entziehen kann. Er fühlt sich in diese Richtung gedrängt. In seiner Selbstbiographie »Ma Vie« finden wir diesen, zeitlich mit seiner Übersiedlung von Witebsk nach Petersburg 1907 verknüpften, seltsamen Wunsch des zwanzigjährigen Chagall: »Das Wesentliche ist die Kunst, die Malerei, eine Malerei, die ganz anders ist, als alle Welt sie macht. Wird mir Gott oder sonst jemand die Kraft geben, daß ich den Bildern meinen Atem einhauchen kann, den Atem des Gebetes und der Trauer, des Gebetes um Erlösung und Wiedergeburt?« Und dieser Wunsch, dieses Gebet läßt ihn nicht mehr los, wie in einem anderen Wort des einundneunzigjährigen Künstlers 1978 deutlich wird: »Mein Traum von einer neuen, sich von allem unterscheidenden Kunst ist nie erloschen« (Irina Pabst in »Hör zu« 19/1978). Für Marc Chagall gilt: »Die Kunst beginnt, wo die Natur endet.« Er trägt die Berufung in sich, Maler des Übernatürlichen zu sein, in seiner Kunst Fenster zu öffnen; denken wir nur an seine zahlreichen »Fensterbilder« und seit 1957 an seine Glasmalerei. Von der Malerei sagte der Künstler 1958 in Chicago: »Sie schien mir wie ein Fenster, durch das ich hätte davonfliegen können, einer anderen Welt entgegen.« Es geht ihm um die Transparenz aller Schöpfungs- und Lebensbereiche auf Gott hin. Schon diese Worte deuten auf besondere Berufung, mystische Begabtheit. Auch wenn er kaum davon sprach, Marc Chagall war sich seines mystischen Begabtseins bewußt: »Ich bin ein Mystiker ... Mein Gebet, das ist meine Arbeit.«

Auch wenn wir seine Worte nicht hätten, seine supranaturale Malweise verrät den Mystiker. Erste Anzeichen davon zeigen sich schon, keimhaft aufbrechend, etwa in dem Ölgemälde »Der Tote« von 1908, in »L'Exode« (Der Auszug) und »Die Beschneidung« (1909), in »Die Geburt« und »Die Heilige Familie« (1910). Im Jahr 1911 wird dann die »supranaturale Malweise« zum Charakteristikum seines Stiles, um dessen Entwicklung und Verfeinerung er zeitlebens in bewundernswertem Fleiß bemüht blieb. Schon 1914 sagt der französische Dichter Guillaume Apollinaire: »Bei Chagall ist das Übernatürliche natürlich.« Es geht Marc Chagall um die »andere Wirklichkeit«, »Über-Wirklichkeit« – Worte des Künstlers, die uns sein Biograph Franz Meyer berichtet. Die »Über-Wirklichkeit« ist ihm »realer als die sichtbare«.

Marc Chagall ist Mystiker und Bildprophet. In ihm und seinem Werk finden wir charakteristische Kennzeichen für prophetisches Charisma.

Marc Chagall mußte arbeiten. Jungen Malern gab er, wie Charles Solier berichtet, den Rat: »Man muß arbeiten, man muß immer arbeiten, nachdenken, wiederaufnehmen. Man kann nicht versuchen, ein Ideal zu erreichen ohne immense Arbeit; man muß Stück für Stück von sich selbst geben ... Man muß arbeiten bis zum Ende, restlos, nicht um Geld zu verdienen, sondern um der Qualität des Werkes willen. Die Qualität gibt dem Leben Sinn.« Marc Chagall arbeitete bis zum letzten Tag seines Lebens. Es war ein bei fast jedem Besuch wiederkehrendes Erlebnis, wie es ihn – gleichsam unter einem geheimnisvollen Zwang stehend – in sein Atelier zog, wenn er sich eine Zeitlang seinem Besuch gewidmet hatte. Er sagte einmal von sich: »Das Einzige, das ich weiß, das ist, daß ich arbeiten muß« (Lith IV, S. 32).

Marc Chagall muß so malen, wie er malt. Er muß seinen inneren Bildern Ausdruck verleihen. Er muß seinen Bildern die Farbigkeit geben, die jener möglichst nahe kommt, die er in sich schaut, die eine Ahnung von Übernatürlichem vermittelt. Da sind die

äußerst minuziösen Farbabstufungen und Abwandlungen, die ständig wechselnde Farbdichte, das Geheimnis seiner »Chimie« oder »la touche«, wie er es nannte. Da muß jedes Bildelement den Platz erhalten, der seiner psychischen Strahlungskraft entspricht (Construction psychique). Es war sicher primär die innere Schau, von der er sich leiten ließ; dann aber auch die große Kunst der Umsetzung in das zu gestaltende Medium – und das bei aller Begrenztheit menschlicher Ausdrucksmöglichkeiten.
Das alles brachte für ihn viel Leid mit sich, forderte ein hohes Maß an Geduld, Sorgfalt und Fleiß. Dies ließ ihn nur zu oft die Grenzen menschlicher Leistungsfähigkeit erleben, die er zu übersteigen suchte. Er kannte sehr wohl die Angst des Unvermögens, des Überfordertseins, unter der alle Propheten gelitten haben. Häufige Unsicherheit, quälende Zweifel plagten ihn, bis dann endlich – aus dem Leid geboren – der Durchbruch gelang, die Unsicherheit der Sicherheit wich. »Tag und Nacht trage ich ein Kreuz. Und wie der Christus bin ich gekreuzigt, mit Nägeln an die Staffelei geheftet«, wie er in einem seiner Gedichte sagt. Oder denken wir an das Bildmotiv »Der gekreuzigte Künstler«. Dieses Leiden, Übernatürliches in Bilder fassen zu müssen, trieb ihn zu ständiger, unermüdlicher Weiterentwicklung seiner Maltechnik, die ihn zum »Meister der Farbe« werden ließ.
Der Prophet muß verkünden, was Gott ihm aufträgt, auch wenn er selbst nicht alles versteht, was ihm zu sprechen aufgegeben ist. Er weiß, daß es sich erfüllt, aber nicht wann und wie. Marc Chagall sagte von sich selbst: »Ich bin ein Maler, und – gestatten Sie mir den Ausdruck – ich bin ein bewußt-unbewußter Maler.« Das Unbewußte ist das ihm selbst Unverständliche, Unerklärbare, warum er so und nicht anders malen muß. Im einfühlsamen Betrachten seiner Bilder wird mir immer wieder die beglückende Erfahrung, wie ihm – wohl in der Treue zu dem inneren Bild – optimale Bildgestaltung, Bildwirkung, supranaturale Aussage von mystischer Tiefe gelingen. Es erweist sich immer wieder als richtig, in welchen Farben er das Motiv gestaltet, seinen Bildaufbau, welche Bildelemente er einbringt und welchen Platz er ihnen gibt.
Zur prophetischen Aussage gehört, daß sie zugleich enthüllt und verhüllt (vgl. die Gleichnisreden Jesu Mt 13,10–15). Prophetenwort ist so gesagt, daß es nur im Glauben empfangbar ist. Ebenso finden wir im Kunstschaffen von Marc Chagall Bildelemente, die zugleich enthüllen und verhüllen. Sie geben ihr Geheimnis nicht so leicht preis, sondern nur dem, der Zeit und Mühe nicht scheut, sich mit dem Bild einzulassen. Flüchtiges Hinschauen reicht nicht aus, um die in den Bildern verborgene Mystik zu erspüren.
Der Prophet muß schockieren, verunsichern, um seine Zuhörer aufzurütteln, der Gewohnheit, Ichbefangenheit, Erdgebundenheit zu entreißen. Auch in den Bildern von Marc Chagall begegnen uns schockierende Elemente, die irdischer Wirklichkeit widersprechen und so erkennen lassen, daß es ihm nicht so sehr um das Vordergründige als vielmehr um Hintergründiges, Übergründiges geht. So entspringen seine fliegenden Gestalten nie der Freude am Phantastischen, Fabulieren, sondern immer liegt darin eine Aussage, die im Zusammenspiel mit den anderen Bildelementen zu ergründen ist.
Der Prophet schaut oft in einer Vision zugleich Gegenwart und Zukunft, mittelfristige und endzeitliche. Und wenn der Blick des Propheten sich in die Vergangenheit richtet, dann bringt er diese in Beziehung zur Gegenwart. So hat auch Marc Chagall in viele seiner Bilder aktualisierende Elemente eingebracht. Aber nicht immer! Er kann darauf verzichten – etwa in seinen Farblithographien zum Buch Exodus –, wenn die Aussage des Bildes so zeitlos ist, daß der Beschauer sich in ihr wiederzufinden vermag. Gegenwart, Vergangenheit und Zukunft, Zeit und Raum gibt es ohnehin nur in der Schöpfung. Gott

ist zeitlos, steht über der Zeit, ist unwandelbar, ewig. So ist Marc Chagall auch der Prophet des Zeitlosen.
Da gibt es noch ein Charakteristikum prophetischer Botschaft. Sie entspringt immer – selbst wenn es um Warnung, Drohung, Strafgerichte geht – der Liebe Gottes. Davon ist Marc Chagall mit der Bibel zutiefst überzeugt, wie sein Wort kundtut: »Gott ist Liebe, und man kann sich Gott nur nahen durch Liebe.« Das gilt ihm auch und besonders für die Kunst: »Mein Traum war, daß die Wirksamkeit der Kunst von der Liebe bestimmt sei«, wie er in einem Brief schrieb. Eine Ergänzung dazu bietet jenes andere Wort: »Soweit es sich um die Kunst handelt, habe ich von der Farbe gesagt, daß sie Liebe ist.« Der Künstler hat sich öfters zur Bedeutung der Liebe geäußert. Sie besitzt für ihn höchsten Stellenwert: »Talent und auch Genie sind nichts, ein Werk muß Liebe, Liebe, Liebe sein.« Die Bilder von Marc Chagall atmen Liebe, sprechen unmittelbar das Herz, menschliches Fühlen an: Liebe, die sich dem Beschauer mitteilt, der er sich nicht entziehen kann. Um die Strahlungskraft der Liebe Gottes und aller ihr entstammenden Liebe in seinen Bildern so wirksam werden zu lassen, bedurfte der Künstler selbst des Umfangenseins von Liebe, die ihm seine, von ihm so überaus geliebte Frau Vava wie auch die 1944 verstorbene erste Frau Bella schenkten. So haben die beiden Frauen besonderen Anteil an seinem Schaffen aus Liebe. Sie schenkten ihm die Erfahrung und schufen ihm den Raum der Liebe.

Anders als der Name des farblithographischen Zyklus »THE STORY OF THE EXODUS« ist der Titel dieses Buches. Werden im Namen »Exodus« ein zentrales Ereignis aus diesem Buch und in »Elle Schemót« (Das sind die Namen) die ersten Worte zum Titel des 2. Buches Mose, so sind dies vordergründige Bezeichnungen. Sie verraten noch wenig vom Geheimnis dieses Buches. Da es aber in der Bibel nicht so sehr um das Vordergründige als vielmehr um das Hintergründige, Übergründige geht und dasselbe für die Bilder von Marc Chagall zutrifft, habe ich aus dem Buch Exodus ein Wort als Titel gewählt, in dem sich diese Schrift zusammenfassen läßt, das Geheimnis des Buches Exodus ausgesprochen ist. Es ist ein Gotteswort, das sich im Buch wie in jeder der 24 Farblithographien immer wieder neu und zugleich anders bestätigt, das Wort Gottes zu Mose: »ICH BIN MIT DIR« (Ex 3,12).
»Ich bin mit dir« – Darin liegt die Zeitlosigkeit, Überzeitlichkeit und damit gegebene Aktualität des Buches Exodus und der Bildprophetien im farblithographischen Zyklus. Wir vermögen uns, unsere Lebensgeschichte, aber auch die Geschichte der Welt, der Menschheit, des Heiles darin wiederzufinden, da es in alldem um »Auszug« von einem Ausgangspunkt zu einem Zielpunkt geht. So sprechen wir von unserem »Lebensweg«, unserer »Erdenwanderung«. Im Buch Exodus und den Lithographien zu ihm wird uns Glaubenserfahrung vermittelt, die – horchen wir in uns hinein – auch im eigenen Leben erkennbar und erlebbar wird.
»Ich bin mit dir« – dieses Wort kann gar nicht anders als aktuell sein, da Gott nicht wie ein Mensch – heute so und morgen anders –, sondern der unwandelbare, getreue Gott ist. Jeder erfährt »Ich bin mit dir«, der sich dieser Zusage Gottes gläubigen Herzens öffnet. Mit diesem Gotteswort läßt sich leben.
»Ich bin mit dir« – Dieses Wort wäre durchaus geeignet auch Titel einer Chagall-Biographie zu sein. Wieviel Fügung und Führung läßt sich im Exodus seines Lebens und Schaffens von der Geburt bis zum Heimgang erkennen! Vielleicht finden wir deshalb

auch so viele Exodusmotive – wenn auch nur einen farblithographischen Exoduszyklus – in seinem Kunstschaffen. In ihnen bezeugt Marc Chagall in der Bibel berichtete, wie auch selbst erlebte Glaubenswirklichkeit. Und er darf diese nicht für sich behalten, sondern muß sie in seiner großen Kunst verkünden, uns daran teilhaben lassen.
Auch dieses Buch habe ich geschrieben in dankbarer Verehrung von Marc Chagall und seiner lieben Frau Vava. Damit verbinde ich die Hoffnung, ein wenig seiner mich ermutigenden Bitte anläßlich seines 95. Geburtstages am 7. Juli 1982 nachzukommen: »Schreiben Sie noch zu anderen Werken von mir!«
Ein herzliches Wort des Dankes gilt Frau Anne-Marie Seelig, die als Hausdame mein Schaffen begleitet und mir durch Schreibarbeiten und Korrekturlesen wertvolle Hilfe war. Auch dem Echter Verlag, bei dem ich mich gut aufgehoben fühle, besonders den Herren Direktor Dr. Elmar Wegner und Dr. Markus Knapp, danke ich für die stete Bereitschaft bezüglich der Qualität der Reproduktionen und Buchausstattung keine Mühen und Investitionen gescheut zu haben, damit das Buch dem Werk des so großen Künstlers möglichst entspricht.

Bis jetzt ist in der Hinführung noch kaum die Thematik des Buches Exodus angesprochen worden. Darauf habe ich bewußt verzichtet. Das wird jetzt einer tun, der berufener ist, der Künstler Marc Chagall selbst, und das schon im ersten Blatt seines farblithographischen Zyklus, in dem uns bereits von der gesamten Thematik etwas schaubar wird: »Ich bin mit dir.«

Der Zyklus

Titelblatt zur Einführung in das Buch Exodus

Marc Chagall stellt seinem farblithographischen Bilderzyklus ein Titelbild zur Einführung voraus. Ein mystisches Bild, das sein Geheimnis nicht so leicht preisgibt! Was will dieses Titelblatt für uns sein? Etwas, das wir vielleicht noch nie gesehen haben: ein gemaltes, bildhaft gestaltetes Inhaltsverzeichnis, dem darüber hinaus jedoch noch zusätzliche Aussage zu eigen ist.

Auffallend ist der dunkle Hintergrund. Vielfach abgewandelte, bald aufgehellte, bald vertiefte Schwarztöne lassen »Finsternis« als Bildgrund fast plastisch erleben. Der finstere Bildgrund spiegelt die Situation Israels vor dem Auszug aus Ägypten, den Exodus (Auszug) selbst, aber auch die vielgestaltigen Bedrängnisse während der Wanderung durch die Wüste. Oftmals führt dieser Weg durch finstere Nacht.

Im Vordergrund, der unteren Bildmitte, sehen wir Mose, doppelgesichtig: zum einen nach links blickend im Profil den Führer des Volkes, der seinem Volk Israel vorangeht; zum andern frontal, dem Beschauer zugewandt, aber auf den Kopf gestellt, von unten nach oben zur Höhe schauend. Vom Kopf dieses aufschauenden Mose gehen Strahlen aus. Sowohl das »Nach-oben-Schauen« wie die Strahlen zeigen Mose in ständigem Aufblick zu Gott. Mose ist erwählt, berufen, erleuchtet, beauftragt, geführt von Gott. Gott ist der eigentliche Führer seines Volkes.

Der voranziehende und gleichzeitig zu Gott aufschauende Mose wirkt abgehoben von den Tafeln des Bundes. Diese erinnern an die Weisung Gottes auf dem Berg Sinai und – in blutroter Farbe gemalt – an den Bundesschluß, der im Blut der Opfertiere begründet wurde. Bundespartner auf seiten des Volkes und dessen Repräsentant ist Mose. Der seinen Bund anbietet, sein Volk mit seinem Bund beschenkt, Mose die Tafeln des Bundes übergibt, ist Gott. Deshalb dürfte die aus dem Dunkel herausragende, sich auf die Tafeln legende, ebenfalls mit Bundesblut besprengte rechte Hand für die Hand Gottes, seine »Rechte« stehen, von der das Buch Exodus spricht. Gott ist es, der sein Volk – auch wenn er sich Mose dazu bedient – gleichsam an der Hand nimmt, durch alle Nacht hindurch in die Freiheit führt.

Oberhalb der Tafeln sehen wir einen Stier, schwebend, in zu Gelb hin gebrochenem Weiß gemalt. Es ist somit nicht irgendein Stier, sondern ein der kultischen Verherrlichung Gottes geweihtes Opfertier. Er steht stellvertretend für die dreizehn Kapitel im Buch Exodus, die sich mit kultischen Anordnungen und ihrer Durchführung befassen.

In den Stier hat Chagall in Goldgelb einen Leuchter gemalt. Auch er ist Kultgerät, aber nicht nur. Als lichtestes Bildelement ist er Symbol für den, der für sein Volk Licht ist: der unsichtbare Gott, der – in den das Blutrot der Bundestafeln aufnehmenden Flammen angedeutet – der geheimnisvolle Bundespartner von »oben« ist. Im Heiligen Zelt, der »Wohnstätte«, ist der Herr seinem Volk besonders nahe.

Dem Maul des Stieres entwächst gleichsam ein Baum, ähnlich einer von oben nach unten hängenden Traube mit himmelblauen Blüten oder Blättern. Einen solchen Baum gibt es

Marc Chagall

nicht. Der Künstler hat ihn bewußt so gemalt, damit er dafür Zeichen sei, wie göttliche Weisung und kultische Gottesverehrung sich im Leben des Menschen fruchtbar erweisen, gleichsam himmlische Blüten treiben auf seinem Weg zu Gott.
In der linken oberen Bildhälfte finden wir in Entsprechung zu Stier und Baum einen Vogel mit schwarzem Gefieder, der mit angelegten Flügeln und dem Kopf nach unten fliegt. Mit ihm will der Künstler zum Ausdruck bringen, daß in das Dunkel von Buch und Bild nur Licht kommt, wenn wir uns in geistig-geistlichem Bemühen – ähnlich einem Vogel – aufschwingen, um Zugang zu finden zum Exodus, zu den Lithographien, zu dem Geheimnis, das Buch und Bild in sich bergen.
Dazu bedarf es nicht nur der Kräfte des Verstandes, im Vogel dargestellt, sondern auch jener Befähigung, die in der im Schwarzton des Bildgrundes gehaltenen Mondsichel darunter verdeutlicht wird. Der Mond, insbesondere die Mondsichel, ist Symbol der Empfänglichkeit, des Weiblichen, da der Mond sein Licht von der Sonne empfängt. Es bedarf der inneren Öffnung, der Empfangsbereitschaft für Gottes Wort, um in die Tiefen des Buches Exodus und dementsprechend in die mystischen Bilder des farblithographischen Zyklus ein wenig einzudringen. Diese Lithographie zur Einführung ist tatsächlich Inhaltsverzeichnis und Einführung zugleich, läßt schon etwas von der Mystik dieses Zyklus erahnen.
Die Geschichte des Exodus beginnt in Finsternis, nächtlicher Situation. Aus der Angst des Pharao vor Überfremdung »gingen sie (die Ägypter) hart gegen die Israeliten vor und machten sie zu Sklaven« (Ex 1,13). Nacht der Knechtschaft liegt auf dem Volk, die sich zur Nacht des Todes steigert, um weiterem Bevölkerungswachstum Einhalt zu gebieten: »Daher gab der Pharao seinem ganzen Volk den Befehl: Alle Knaben, die den Hebräern geboren werden, werft in den Nil!« (Ex 1,22).

Die Errettung des Mose aus dem Nil

Ich habe ihn aus dem Wasser gezogen« (Ex 2,10). – Es geht um das Kind im Mittelpunkt des Bildes, das in einem ovalen Körbchen liegt, einen Knaben. Seine Mutter hatte ihn nach seiner Geburt drei Monate lang zu Hause verborgen gehalten. Aber dann ließ sich das Kind nicht mehr länger verbergen. Sie mußte es dem Nil überantworten, wie der Pharao befohlen hatte. Aber sie tut es so, daß Rettung möglich bleibt. »Sie nahm ein Binsenkästchen, dichtete es mit Pech und Teer ab, legte den Knaben hinein und setzte ihn am Nilufer im Schilf aus« (Ex 2,3).
Die Tochter des Pharao kommt zum Nil, um zu baden. »Auf einmal sah sie im Schilf das Kästchen und ließ es durch ihre Magd holen. Als sie es öffnete und hineinsah, lag ein weinendes Kind darin. Sie bekam Mitleid mit ihm, und sie sagte: ›Das ist ein Hebräerkind‹« (Ex 2,5.6). – Wir sehen die gekrönte Tochter des Pharao am Nilufer. Ihr Gewand ist olivgrün, gelb unterlegt, mit dunklen Tupfen. Sie steht, wie man gar nicht stehen kann, ohne nach rückwärts umzufallen. Es ist, als wolle sie das Kind stehend auf ihren Schoß nehmen. Sie nimmt das Kind gleichsam in ihr Leben hinein, umwölbt es mit ihrem Leib. Später wird dann auch von der Tochter des Pharao gesagt: »Diese nahm ihn als Sohn an«, adoptierte ihn, »nannte ihn Mose und sagte: ›Ich habe ihn aus dem Wasser gezogen‹« (Ex 2,10). Ihre rechte Hand weist noch zurück auf den Nil, den Handteller nach oben, als habe sie das Kind aus dem Wasser geschöpft. Die linke Hand hält sie ausgestreckt, schützend über das Kind. Zugleich verrät ihre Körperhaltung: Sie hat ihren Standort verloren, indem sie sich, den hebräischen Knaben rettend, über das Gesetz des Pharao hinweggesetzt hat. Erbarmen, Ergriffenheit, mütterliche Gefühle haben sie überwältigt. Ein anderer, den sie nicht kennt, hat sie in seinen Dienst gestellt. Durch die spätere Adoption und die Ausbildung am Hof des Pharao, die ihm sonst nie zuteil geworden wäre, wird Mose für seine Aufgabe vorbereitet, zu gegebener Zeit das Volk aus Ägypten herauszuführen.
Die Farbgebung im Kleid der Tochter des Pharao wird in der Bekleidung der Magd aufgenommen. Sie reicht das Kind im Körbchen dar. Auch die Magd ist in ihrer Körperhaltung nicht realistisch, sondern supranatural gemalt. Sie scheint zu knien und kniet doch nicht. Nur mit den Zehenspitzen steht sie auf der Erde, schwebt der Tochter des Pharao entgegen. In diesem Nichtknien, Nichtstehen wird die Magd zur personifizierten Darbietung. In den beiden Frauen, deren Augen sich begegnen, ist die ellipsoide Form des Körbchens – jetzt in der Diagonale von links oben nach rechts unten – aufgenommen. Das Kind ist von ihr umfangen, umhüllt.
Die Wasser des Nils sind von ungemein zartem Himmelblau durchdrungen, das den Eindruck erweckt: Dieses Wasser läßt das Kind nicht versinken, hat sich mit ihm verbündet. Am rechten Bildrand steht die Schwester des Mose, wie der Bericht sagt: »Seine Schwester blieb in der Nähe stehen, um zu sehen, was mit ihm geschehen würde« (Ex 2,4). Aufmerksam schaut sie hinüber zu ihrem kleinen Bruder im Körbchen, zur Tochter des Pharao und deren Dienerin. Ihr über die Schultern herabfließendes Haar und die Haltung der Arme und Hände lassen erkennen, wie sehr sie innerlich beteiligt ist. Es ist, als bete sie um die Er-

rettung des Kindes. Sie ist voll gespannter Erwartung, bereit zur Rettung mitzuhelfen, sobald sich die Möglichkeit dazu ergibt. Wegen des inneren Adels ihrer Gesinnung hat Marc Chagall sie mit einem kleinen, weißen Diadem geschmückt.

Das Mädchen ist vorgeschobener Horchposten. Hinter ihm sehen wir – nur umrißhaft in die Lithographie eingezeichnet – eine Frau, die nach vorn schaut, und daneben, unmittelbar am rechten Bildrand das Gesicht eines Mannes im Profil. Es dürften die Eltern sein, die aus größerer Entfernung beobachten, was mit ihrem Kind geschieht. Bald kann das Mädchen die Mutter des Mose herbeirufen. »Die Tochter des Pharao sagte zu ihr: Nimm das Kind mit und still es mir! Ich werde dich dafür entlohnen. Die Frau nahm das Kind zu sich und stillte es« (Ex 2,9). So erhielten die Eltern die Möglichkeit, dem Kind, bevor es an den Hof des Pharao kam, über die Bande des Blutes und die Liebe zu seinem Volk hinaus, den Glauben an den Gott der Väter mitzugeben.

Der ausladende Ast eines Baumes mit weichem Blätterwerk, in zarten Rottönen gehalten, überwölbt, Geborgenheit schenkend, die Szene. Das Rot des Blattwerks fließt – in seiner Leuchtkraft etwas gedämpft – an der Schwester des Mose herab und teilt sich dem Boden des Nilufers mit. So entsteht erneut in Baum und Boden eine zum linken Bildrand hin geöffnete Ellipse. Die Atmosphäre des Bildes ist die der Geborgenheit.

»Als der Knabe größer geworden war, brachte sie (die Mutter) ihn der Tochter des Pharao. Diese nahm ihn als Sohn an, nannte ihn Mose und sagte: ›Ich habe ihn aus dem Wasser gezogen‹« (Ex 2,10). Der Name »Mose«, übersetzt: »Ich habe dich aus dem Wasser gezogen«, ist transparent. Die Tochter des Pharao kann das für sich in Anspruch nehmen; mehr noch aber der Herr, der hinter allem steht, alles so gefügt, sich ihrer zur Rettung des Kindes im Blick auf dessen Berufung und Aufgabe bedient hat.

Mose leidet mit seinem geknechteten Volk

Was den größten Raum des Bildes füllt, das ist Tagesgeschehen, aber nicht nur dieses einen, sondern vieler Jahre. »In Ägypten kam ein neuer König an die Macht, der Josef nicht gekannt hatte« (Ex 1,8). Er fürchtet Überfremdung der Ägypter durch die Israeliten im Land. »Er sagte zu seinem Volk: Seht nur, das Volk der Israeliten ist größer und stärker als wir. Gebt acht! Wir müssen überlegen, was wir gegen sie tun können, damit sie sich nicht weiter vermehren. Da setzte man Fronvögte über sie ein, um sie durch schwere Arbeit unter Druck zu setzen ... Je mehr man sie aber unter Druck hielt, um so stärker vermehrten sie sich und breiteten sie sich aus, so daß die Ägypter vor ihnen das Grauen packte. Daher gingen sie hart gegen die Israeliten vor und machten sie zu Sklaven. Sie machten ihnen das Leben schwer durch harte Arbeit mit Lehm und Ziegeln und durch alle möglichen Arbeiten auf den Feldern. So wurden die Israeliten zu harter Sklavenarbeit gezwungen« (Ex 1,8–14).
Der Bildgrund des Blattes ist weitgehend in Gelb- und Rottönen gehalten, in die noch ein wenig Grün eingesprenkelt ist. Es ist das Land Ägypten mit Wüste, Pyramiden und in Wassernähe strichweise fruchtbarer Vegetation. Hier in sengender Glut arbeiten zu müssen, war eine Qual, die durch Erbringung des überhöhten Solls noch vermehrt wurde. Die Rottöne im Bildgrund weisen auf blutige Unterdrückung hin.
Wir sehen Menschen, die auf dem Rücken oder dem Kopf schwere Lasten tragen. Die meisten hasten. Wer stehenbleibt, läuft Gefahr, durch Schläge rücksichtsloser Aufseher zur Eile angetrieben zu werden. Am rechten Bildrand sehen wir einen Mann. Er schwingt einen Stock. Mit dem linken Zeigefinger deutet er auf einen Mann, der mit Aufbietung aller Kräfte einen schweren Sack schleppt. In der unteren Bildmitte ist einer, der die zum Häuser- und Städtebau benötigten Ziegel formt. »Sie mußten für den Pharao die Städte Piton und Ramses als Vorratslager bauen« (Ex 1,11). Eine Frau am linken oberen Bildrand schaut fassungslos auf die leere Schale in ihrer Hand, welche die Kargheit ihrer Lebenshaltung kundtut. Das Volk Israel fristet ein erbärmliches Sklavendasein.
»Die Jahre vergingen, und Mose wuchs heran. Eines Tages ging er zu seinen Brüdern hinaus und schaute ihnen bei der Fronarbeit zu. Da sah er, wie ein Ägypter einen Hebräer schlug, einen seiner Stammesbrüder« (2,11). – Die weitaus größte Gestalt im Bild ist Mose, ihm integriert und zugleich kraftvoll hervorgehoben, im Vordergrund der linken unteren Bildhälfte. In seinem fahlen Gesicht spiegelt sich das Leid des hebräischen Volkes, seiner Schwestern und Brüder. Sorge spricht aus den tief in den Höhlen liegenden Augen. Sein Blick geht nicht auf die Fronarbeit leistenden Sklaven. Sein Blick geht ins Weite. Er trägt die Not seines Volkes in sich. Man sieht ihm an, in ihm geht etwas vor. Auch die düsteren Violettöne im Gewand bis in die Umrandung seines Gesichts und den Bart hinein verstärken den Eindruck der Betrübnis, des Kummers.
Marc Chagall nimmt die Strahlen, die vom Kopf des Mose ausgehen und eigentlich erst nach der Gottbegegnung auf dem Berg Sinai zu ihm gehören, voraus. Zu Recht, denn diese Strahlen zeigen an: Sein Wachsein für die Not des Volkes, sein Mitleiden ist Gabe Gottes, kommt von Gott. Dahinter steht Gottes Sorge um sein Volk, wie wir im Buch Exodus wenig

später lesen: »Der Herr sprach: Ich habe das Elend meines Volkes in Ägypten gesehen, und ihre laute Klage über ihre Antreiber habe ich gehört. Ich kenne ihr Leid« (Ex 3,7).

Die Hände des Mose liegen auf seinem Herzen. Die Not geht ihm zu Herzen. In der rechten Hand finden wir Goldgelb, in der Linken Grüntöne mit ein wenig Weiß gemischt. In seinen Händen sind Wüste und Grünland, ist Ägypten aufgenommen. Aber bei Chagall ist alles mehrschichtig. Das Goldgelb in der rechten Hand spiegelt schon etwas von dem göttlichen Licht der Berufung, die bald an ihn ergehen wird, das Schicksal seines Volkes in die Hand zu nehmen. Im Grün der linken Hand klingt Hoffnung an, Gott werde die Not wenden.

In der rechten oberen Bildecke finden wir noch weitere, seltsame Bildelemente. Das Gesicht einer Frau mit in Blau gemalter Schulter ist sichtbar und eine große Hand, die gar nicht zu ihr paßt, aber dennoch durch den blauen Ansatz zu ihr gehört. Die Hand ist überdimensional groß. Und links von der in der Ferne strichhaft angedeuteten Pyramide eine zweite Hand – nur eine Hand – in gelb unterlegtem Grünton. In beiden Händen wird deutlich – deshalb auch im obersten Bildbereich gemalt –, daß ein anderer seine Hand über das Volk hält. Der Tag wird kommen, da der Pharao, »von starker Hand gezwungen« (Ex 3,19), das Volk ziehen lassen muß.

Doch was ist es um die Frau in der rechten oberen Bildecke, im Haar goldgelb und grün wie in den Händen des Mose? Von ihr geht die Hand aus. Diese Frau deutet ebenfalls auf Gott hin. In Gott gibt es nicht nur männliche, sondern auch weibliche Züge. Gott ist nicht nur Vater, sondern ebenso Mutter. Gerade die mütterlichen Eigenschaften, seine liebende Sorge und Barmherzigkeit, sind es, die Gott zum Eingreifen bewegen. Zunächst geschieht das so, daß von dem Mitleid Gottes etwas auf Mose überspringt, sein Herz zum Mitleiden bringt. Mose leidet mit seinem geknechteten Volk. Und selbst das Blau in dem Antreiber darunter könnte Hinweis darauf sein, daß auch er, obwohl gegen seinen Willen, durch sein böses Tun zur Rettung beiträgt. Er fordert das Mitleid Gottes und seines Knechtes Mose geradezu heraus.

Die Gotteserscheinung im brennenden Dornbusch

Mose weidete die Schafe seines Schwiegervaters Jitro, des Priesters von Midian« (Ex 3,1). Am rechten Bildrand hat Chagall die Tiere angedeutet. Die Herde weidend, kommt Mose eines Tages zum Gottesberg Horeb: »Dort erschien ihm der Engel des Herrn in einer Flamme, die aus einem Dornbusch emporschlug. Er schaute hin: Da brannte der Dornbusch und verbrannte doch nicht« (Ex 3,2). – Das ist kein Dornbusch, den Chagall hier gemalt hat. Das ist ein blühender Baum mit dichtem Blattwerk und Blüten, in gemischten Rot- und Goldgelbtönen gehalten. Die Blätter gleichen – zumal im oberen Bereich – züngelnden Flammen. Das Geheimnis, um das es hier geht, läßt sich besser in einem Baum als in einem Dornbusch veranschaulichen. Das ist ein blühender Baum, der brennt, lodert, und doch nicht verbrennt, nicht aufhört zu blühen, brennend weiterblüht.

Dieses außergewöhnliche Phänomen muß das Interesse des Mose wecken: Brennen und doch nicht verbrennen, in Flammen und zugleich in Blüte stehen? Mose geht näher heran. Da spricht ihn aus dem Baum heraus einer an, der seinen Namen kennt: »Mose, Mose! Er antwortete: Hier bin ich« (Ex 3,4). Der in dem Baum gebietet Einhalt: »Komm nicht näher heran! Leg deine Schuhe ab; denn der Ort, wo du stehst, ist heiliger Boden« (Ex 3,5). Doch da ist mehr als »heiliger Boden«! Jetzt stellt sich der Unsichtbare vor: »Ich bin der Gott deines Vaters, der Gott Abrahams, der Gott Isaaks und der Gott Jakobs« (Ex 3,6).

Mose sinkt in die Knie, verhüllt nicht sein Gesicht – wie im biblischen Text –, sondern schaut in gespannter Wachheit, wie gebannt, hin zu dem brennend-blühenden Baum. Die Augen sind aufgerissen, Mund und Ohren geöffnet. Die ganze Gestalt ist von Staunen erfüllt, vom unerwarteten und überwältigenden Erlebnis durchdrungen. Er kniet und schwebt zugleich und ist doch fest lokalisiert, am Platz verharrend.

Mose bleibt auf Abstand. Sein Gewand in düsteren bis aufgehellten Blau- und Grüntönen steht in Kontrast zum lichtdurchstrahlten Baum, Andeutung des lichten Gottes mit seinem Gegenüber, dem erdenschweren Menschen. Doch das Licht Gottes ist stärker, bereits auf Mose übergesprungen. Strahlen gehen vom Kopf des Mose aus. Sein Gesicht ist erhellt, reflektiert die Farben des Baumes. Sogar Hände und Füße sind von dem göttlichen Licht durchströmt. Mose kniet im Strahlungsbereich Gottes. Die eine Hand liegt auf dem Herzen, die andere auf dem Knie. Wachheit, Ergriffenheit, Dynamik beseelen die Gestalt des Mose.

Vom Baum her, in Richtung auf Mose und über ihn hinweg, fliegt in der Mitte des oberen Bildrandes ein Engel in Goldgelb-, Grün- und ein wenig Rotton gemalt. Sein linker Arm ist richtungweisend ausgestreckt. In ihm ist der Auftrag des Herrn an Mose bildhaft gestaltet: »Und jetzt geh! Ich sende dich zum Pharao. Führe mein Volk, die Israeliten, aus Ägypten heraus!« (Ex 3,10). Etwas von dem im Engel personifizierten Auftrag Gottes, dem Grün in ihm, findet sich denn auch in der dem Engel zugewandten Gesichtshälfte von Mose.

Mose hat ernste Bedenken: »Wer bin ich, daß ich zum Pharao gehen und die Israeliten aus Ägypten herausführen könnte? Gott aber sagte: Ich bin mit dir; ich habe dich gesandt, und

יהוה

als Zeichen dafür soll dir dienen: Wenn du das Volk aus Ägypten herausgeführt hast, werdet ihr Gott an diesem Berg verehren« (Ex 3,11.12).

Das ist ein Wort! Aber da ist zuvor noch ein anderes Hindernis zu überwinden. »Da sagte Mose zu Gott: Gut, ich werde also zu den Israeliten kommen und ihnen sagen: Der Gott eurer Väter hat mich zu euch gesandt. Da werden sie mich fragen: Wie heißt er? Was soll ich ihnen darauf sagen? Da antwortete Gott dem Mose: Ich bin der ›Ich-bin-da‹. Und er fuhr fort: So sollst du zu den Israeliten sagen: Der ›Ich-bin-da‹ hat mich zu euch gesandt. Weiter sprach Gott zu Mose: So sag zu den Israeliten: Jahwe, der Gott eurer Väter, der Gott Abrahams, der Gott Isaaks und der Gott Jakobs, hat mich zu euch gesandt. Das ist mein Name für immer, und so wird man mich nennen in allen Generationen« (Ex 3,13–15). – Der Gott der Väter hat seinen Namen geoffenbart: »JHWH« – »Ich bin der ›Ich-bin-da‹«. Marc Chagall hat das Tetragramm, den vierbuchstabigen Gottesnamen in seine Lithographie eingebracht, in hebräischen Buchstaben in eine Sonne hineingeschrieben, die mit dem brennend-blühenden Baum in Verbindung steht und ihn zugleich überragt. Der Gottesname ist zwei in sich geschlossenen Linien, einer Kreisform eingefügt, dem Symbol der Vollkommenheit.

Marc Chagall hat das Bild diagonal geteilt. Alles, was linker Hand von der linken unteren bis zur rechten oberen Bildecke gemalt ist – der Gottesname, der Baum und der Engel –, das ist von den Strahlen der Sonne erhellt, in göttliches, goldgelbes Licht getaucht. Die rechte untere Bildecke bis in unmittelbare Nähe des Baumes gehört mit ihren dunkleren und dunklen Farbtönen der irdischen Wirklichkeit an. In dieser Gotteserscheinung ereignet sich ein Hereinbrechen Gottes in diese irdische Welt, angedeutet in dem Goldgelb, das sich auch hier findet, aber nicht als Bildgrund, sondern in wichtigen Bildelementen, so auch in den unschuldigen Geschöpfen der Tierwelt. In Mose, dem von Gott berufenen Mittler, begegnen und vermischen sich die göttliche und die geschöpflich-irdische Wirklichkeit.

Gott erscheint, gibt sich zu erkennen, spricht, damit Mose den Israeliten davon berichtet: »Geh, versammle die Ältesten Israels und sag ihnen: Jahwe, der Gott eurer Väter, der Gott Abrahams, Isaaks und Jakobs ist mir erschienen und hat mir gesagt: Ich habe sorgsam auf euch geachtet und habe gesehen, was man euch in Ägypten antut. Darum habe ich beschlossen, euch aus dem Elend Ägyptens hinaufzuführen ... in ein Land, in dem Milch und Honig fließen« (Ex 3,16.17).

Die Stunde der Berufung ist gekommen: Der »Ich-bin-da« hat sich Mose bemächtigt, ihn in seinen Dienst gestellt. Von nun an gehört zu Mose: »Jahwe, der Gott eurer Väter, der Gott Abrahams, der Gott Isaaks und der Gott Jakobs, hat mich zu euch gesandt« (Ex 3,14).

Der Stab des Mose wandelt sich zur Schlange

Inhaltlich steht dieses Bild in Verbindung mit der Gotteserscheinung im brennenden Dornbusch. Das ist der Schauplatz des Geschehens. Der Herr hat Mose dazu berufen, die Israeliten aus der Knechtschaft Ägyptens zu befreien. Auf Befragen hat der Herr Mose seinen Namen, den Gottesnamen »Jahwe«, geoffenbart. Jetzt denkt Mose über die zu erwartenden Schwierigkeiten nach. Da erhebt sich die Frage: »Was aber, wenn sie mir nicht glauben und nicht auf mich hören, sondern sagen: Jahwe ist dir nicht erschienen?« (Ex 4,2). Wie kann er sich seinem Volk gegenüber legitimieren? Der Herr akzeptiert die Bedenken, will Moses Worte, ihre Glaubwürdigkeit, durch Wunderzeichen bekräftigen.

»Der Herr entgegnete ihm: Was hast du da in der Hand? Er antwortete: Einen Stab« (Ex 4,2). Mit diesem Stab soll das erste Zeichen geschehen. »Da sagte der Herr: Wirf ihn auf die Erde! Mose warf ihn auf die Erde. Da wurde der Stab zu einer Schlange, und Mose wich vor ihr zurück« (Ex 4,3). Dieses Geschehen hat Marc Chagall in dieser Lithographie gemalt. Am rechten Bildrand sehen wir Mose in wüstenfarbigem Gewand. Der Künstler zeigt Mose, wie er zurückschreckt vor einer Gefahr, den Blick, wie gebannt, auf die Schlange gerichtet, Arme und Hände in abwehrender Haltung. Und dieses Zurückweichen ist nicht nur äußere Reaktion. Der Schreck durchbebt sein Herz. Ähnlich der linken, erblaßten Gesichtshälfte ist sein Herz in Angst erbleicht.

Ihm gegenüber steht in aufgerichteter, zum Angriff ansetzender Haltung die Schlange, die in Blau-, Goldgelb-, Weiß- und sparsam eingebrachten Rottönen gemalt ist. Eine solche Schlange gibt es nicht. Aber es ist ja auch keine der üblichen Wüstenschlangen. Es ist eine gottgewirkte Schlange: der zur Schlange gewandelte Stab des Mose. Dieses Gottgewirktsein kommt in der Farbgebung, dem Goldgelb des göttlichen Lichtes und dem Blau des Himmels zum Ausdruck. »Der Herr aber sprach zu Mose: Streck deine Hand aus und fasse sie am Schwanz! Er streckte seine Hand aus und packte sie. Da wurde sie in seiner Hand wieder zu einem Stab« (Ex 4,4). Jetzt wird betont, wozu dieses Zeichen gegeben ist, wem es dienen soll: »So sollen sie dir glauben, daß dir Jahwe erschienen ist, der Gott der Väter, der Gott Abrahams, der Gott Isaaks und der Gott Jakobs« (Ex 4,5).

Doch beläßt der Herr es nicht bei diesem einen Zeichen. Mose wird aufgefordert: »Leg deine Hand in deinen Gewandbausch! Er legte seine Hand hinein. Als er sie wieder herauszog, war seine Hand vom Aussatz weiß wie Schnee« (Ex 4,6). Der Künstler hat dieses zweite Zeichen in der Lithographie im Weiß der beiden Hände angedeutet. »Darauf sagte der Herr: Leg deine Hand noch einmal in deinen Gewandbausch! Er legte seine Hand noch einmal hinein. Als er sie wieder herauszog, sah sie wieder aus wie der übrige Leib« (Ex 4,7). Dieses zweite Zeichen soll zum Glauben führen, wenn das erste nicht ausreicht: »Wenn sie dir nicht glauben und sich durch das erste Zeichen nicht überzeugen lassen, werden sie auf das zweite Zeichen hin glauben« (Ex 4,8).

Gott weiß noch besser als Mose, wie berechtigt die Befürchtungen sind, wie schwierig es für

Mose sein wird, das in der Knechtschaft verängstigte Volk von seiner Sendung zu überzeugen. So stellt der Herr noch ein drittes Zeichen zur Verfügung für den Fall, daß auch das zweite Zeichen seine Wirksamkeit verfehlt: »Glauben sie aber selbst nach diesen beiden Zeichen nicht und lassen sie sich nicht überzeugen, dann nimm etwas Nilwasser und schütte es auf trockenen Boden! Das Wasser, das du aus dem Nil geholt hast, wird auf dem Boden zu Blut werden« (Ex 4,9). Auch dieses dritte Zeichen hat Marc Chagall in seine Lithographie eingebracht. Zwischen Mose und der Schlange finden wir eine größere und im Rücken der Schlange eine kleinere Farbfläche in abgestuftem Violett. Eine geschickte Kombination von Blau- und Rottönen, die wie eingetrocknetes, geronnenes Blut wirkt! An einigen Stellen finden wir darin Blautöne, aufgehellt bis hin zum Blau in der Schlange, denn auch dieses Blut ist nicht normales, sondern aus Nilwasser gewandeltes Blut.
Diese drei Zeichen werden Mose zur Legitimation dienen. Mose kann, wenn erforderlich, darüber verfügen. Letztlich ist es aber doch nicht Mose, der diese Zeichen wirkt, sondern Jahwe, der ihn sendet. Das wird ganz deutlich in dem Engel, der aus der rechten oberen Bildecke über Mose ins Bild kommt, in eindrucksvoller Bewegtheit herbeistürzt. Er fliegt in Richtung auf die hochgereckte Schlange, die weiße Hand des Mose und das Blut und weist mit ausgestrecktem Arm darauf hin. Etwas von dem Goldgelb im Engel erfaßt auch die dem Engel zugewandte Gesichtshälfte und die Stirn des Mose. Der Engel und Mose stehen in enger Verbindung. Ein weißer Lichtstrahl vom Haupt des Mose ragt in den Engel hinein.
Auch in der Hand am erhobenen rechten Arm des Mose läßt der Maler deutlich werden, wer hier der eigentlich Wirkende ist. Es ist keine rechte Hand, sondern der Handrücken einer zweiten linken Hand am rechten Arm. Mose hat somit zwei linke Hände. Die rechte Hand ist dem vorbehalten, der das Wunderzeichen wirkt. Und das ist Gott. Deshalb weist auch die Hand auf den Engel Gottes zurück.
Darauf kommt es Marc Chagall an: Diese Wunderzeichen dürfen nicht Mose zugeschrieben werden, sondern sie dienen der Legitimation des Mose zur Erfüllung seines gottgegebenen Auftrags. Der sie wirkt, das ist der Gott Abrahams, Isaaks und Jakobs.
Wie ein Reflex auf das göttliche Licht im Engel und im Gesicht des Mose ist am linken Bildrand oben, hinter dem Kopf der Schlange, eine kleine Mondsichel zu sehen. Auch diese Mondsichel läßt als Symbol der Empfänglichkeit nochmals zusätzlich erkennen: Alle drei Wunderzeichen hat Mose empfangen. Sie sind ihm anvertraut. Mose wird von Gott durch Wort und Zeichen vorbereitet zur Erfüllung seiner Sendung.

Mose erhält in seinem Bruder Aaron einen Gehilfen

Schauplatz der dargestellten Begebenheit ist die Gegend am Gottesberg Horeb. Der Boden ist steinig, die Vegetation spärlich, die Luft, einem Sandsturm ähnlich, mit aufgewirbeltem Wüstenstaub vermischt. Zusammengebraute Wolken, die sich verdichten vom linken zum rechten Bildrand hin. Die düstere Atmosphäre, die vom Bildgrund ausgeht, kennzeichnet die Situation, in die die beiden im Vordergrund des Bildes sichtbaren Männer gesandt sind. Wie war es zu ihrer Begegnung gekommen?

Trotz Berufung, Gottes Weisung und der Zeichen zur Legitimation fühlte sich Mose noch immer überfordert. Er ahnt, was mit dem Auftrag auf ihn zukommt. Jetzt weist er auf seine mangelnde Beredsamkeit hin: »Aber bitte, Herr, ich bin keiner, der gut reden kann, weder gestern noch vorgestern, noch seitdem du mit deinem Knecht sprichst. Mein Mund und meine Zunge sind nämlich schwerfällig« (Ex 4,10). Der Herr läßt den Einwand nicht gelten, entgegnet ihm: »Wer hat dem Menschen den Mund gegeben, und wer macht taub oder stumm, sehend oder blind? Doch wohl ich, der Herr! Geh also! Ich bin mit deinem Mund und weise dich an, was du reden sollst« (Ex 4,11.12). Noch einmal versucht Mose sich dem schwierigen Auftrag zu entziehen: »Aber bitte, Herr, schick doch einen anderen!« (Ex 4,13). Doch der Herr, der ihn berufen, zieht die Berufung nicht zurück. Gott stellt ihm einen Gehilfen zur Seite: »Hast du nicht noch einen Bruder, den Leviten Aaron? Ich weiß, er kann reden; außerdem bricht er gerade auf und wird dir begegnen. Wenn er dich sieht, wird er sich von Herzen freuen. Sprich mit ihm und leg ihm die Worte in den Mund! Ich aber werde mit deinem und seinem Mund sein, ich werde euch anweisen, was ihr tun sollt, und er wird für dich zum Volk reden« (Ex 4,14–16a). Auch soll Mose nicht den Stab vergessen, der sich zur Schlange wandeln läßt: »Diesen Stab nimm in deine Hand! Mit ihm wirst du die Zeichen vollbringen« (Ex 4,17).

Jetzt fügte sich Mose der ihm gegebenen Sendung. Er kehrte zu seinem Schwiegervater Jitro zurück. »Er sagte zu ihm: Ich will zu meinen Brüdern nach Ägypten zurückkehren. Ich will sehen, ob sie noch am Leben sind. Jitro antwortete Mose: Geh in Frieden! ... Da holte Mose seine Frau und seine Söhne, setzte sie auf einen Esel und trat den Rückweg nach Ägypten an. Den Gottesstab hielt er in der Hand« (Ex 4,18.20).

Nach Mose stellt Gott nun auch Aaron in seinen Dienst: »Der Herr sprach zu Aaron: Geh hinaus in die Wüste, Mose entgegen! Da ging er. Am Gottesberg traf er ihn und küßte ihn« (Ex 4,27).

Diese Begegnung der Brüder hat Marc Chagall gemalt. Wir sehen Mose in einem Gewand, das in blauem bis olivgrünem, Hoffnung weckendem Farbton gehalten ist, wird er doch zum Hoffnungsträger für sein geknechtetes Volk. Mose ist auf dem Weg. Er geht mehr, als er steht. Strahlen gehen von seinem Kopf aus, die kundtun, daß Mose nicht eigenem Antrieb, sondern der ihm von Gott gegebenen Sendung folgend unterwegs ist. In der Hand hat er den Gottesstab. Mose hält ihn nicht fest in der Hand. Bestenfalls drückt er ihn an sich. Man

hat den Eindruck, als gehöre der Stab so sehr zu ihm, daß er auch bei ihm bleibe, ohne gehalten zu werden. Damit ist die Bedeutung des Stabes angedeutet. Er ist ihm nicht gegeben, um sich auf ihn zu stützen. Mit ihm sollen Wunderzeichen gewirkt werden.

Die Begegnung der Brüder ist erfolgt. Entsprechend Gottes Weisung haben sich Mose und Aaron am Gottesberg getroffen. Um Aaron kenntlich zu machen, nimmt Marc Chagall im Bild vorweg, was im Buch Exodus erst viel später berichtet wird. Der Künstler malt Aaron bereits in der Kleidung des Hohenpriesters, zu dem ihn Gott berufen wird. Er ist an dem hohepriesterlichen Turban, der mit Edelsteinen geschmückten Lostasche und den klingenden Glöckchen am Saum des Gewandes erkennbar (vgl. Ex 28,15.33.36). In sein Gesicht, den Bart und das weiße, leinene Gewand hat Marc Chagall etwas Goldgelb eingebracht, das zum Ausdruck bringt: Aaron ist zu priesterlichem Dienst kultischer Gottesverehrung ausersehen, Gott geweiht, »heilig dem Herrn« (Ex 39,30).

Aaron schaut in brüderlicher Zuneigung zu Mose hin und hört aufmerksam zu, denn »Mose erzählte Aaron von dem Auftrag, mit dem der Herr ihn gesandt hatte und von allen Zeichen, zu denen er ihn ermächtigt hatte« (Ex 4,28).

Die linke Hand des Mose, durch den feinen Grünschimmer als zu ihm gehörig ausgewiesen, ist keine linke, sondern eine zweite rechte Hand mit nur vier Fingern. Mose legt sie gleichsam auf das Herz von Aaron, denn von jetzt an wird Aaron im Auftrag Gottes Mose zur Hand gehen, an seines Bruders Sendung Anteil haben.

Mose und Aaron sind aneinander geschmiegt, im Wirken zur Einheit verbunden, denn von dieser Stunde an gehen sie im Auftrag Gottes gemeinsam ihren Lebensweg, den Weg zur Befreiung des Volkes.

An der Spitze des Volkes

»Mose und Aaron gingen und versammelten die Ältesten der Israeliten. Aaron wiederholte vor ihnen alle Worte, die der Herr zu Mose gesprochen hatte, und Mose vollbrachte die Zeichen vor den Augen des Volkes« (Ex 4,29.30). Diese Verse schlagen die Brücke von der Begegnung der Brüder Mose und Aaron zu diesem Bild. Die beiden treffen mit ihren hebräischen Brüdern und Schwestern zusammen, die immer noch geknechtet, unterdrückt, Sklaven des Pharao sind.

Es gelingt Mose und Aaron die erste Schwierigkeit zu bewältigen, Skepsis und Zweifel abzubauen. Die Israeliten schenken den Worten Gehör, die der Herr zu Mose gesprochen hat und die ihnen Aaron vermittelt. Die Wunderzeichen, die Mose zur Legitimation wirkt, verfehlen ihre Wirkung nicht. Die Israeliten gewinnen die Überzeugung: Mose und, ihm zur Seite, Aaron sind ihnen wirklich von Gott zur Errettung aus der Knechtschaft gesandt.

So schließen sie sich Mose und Aaron an. Das zeigt unser Bild: Mose und Aaron an der Spitze des Volkes. Entsprechend keimhaft aufbrechender Errettung hat der Künstler das Blatt in frohmachenden Farben gemalt.

An der Spitze im Vordergrund der linken unteren Bildecke erblicken wir Mose. Er ist und bleibt der Führer des Volkes, der Mittler zwischen Gott und seinem Volk. Gesicht, Gestalt, Gewand in leicht gebrochenen Weißtönen schaffen eine wolkenähnliche Impression. Er geht dem Volk voran. Sein Blick geht ins Weite. Sein Denken, Sinnen, Hören ist auf Gott gerichtet. Er ist durchgeistigt von Gott, steht gleichsam im Scheinwerferlicht Gottes. Die göttliche Einstrahlung wird in den Strahlen, die vom Kopf des Mose ausgehen, ersichtlich. In ihnen finden wir auch etwas von goldgelbem, göttlichem Licht. Die linke Hand ruht auf seinem Herzen, das für Gott und sein Volk schlägt. Mose hat seine Berufung angenommen und ist bereit, sich ganz einzubringen, auch wenn ihm das viel Herzeleid bereiten wird.

Neben, zugleich aber deutlich hinter ihm – weil an zweiter Stelle stehend, Mose von Gott als Gehilfe gegeben – geht Aaron, erkenntlich an dem goldfarbenen Turban des Hohenpriesters und der mit Edelsteinen geschmückten Lostasche. Sein Gewand in abgestuften Grüntönen stimmt hoffnungsfroh. Als Sprecher von Mose darf Aaron Botschaft der Hoffnung verkünden: Die Zeit der Knechtschaft geht dem Ende zu. Gott wird sein Volk befreien. Aaron schaut nicht ins Weite. Sein Blick ist auf Mose gerichtet, seine Gestalt ist ganz auf Mose hingeordnet, dem er als Helfer beigegeben ist. Etwas von dem goldgelben, göttlichen und von dem gleißend weißen Licht in Mose strahlt auf Aaron über im Turban, dem Mose zugewandten Gesicht und der linken Hand. Seltsamerweise trägt Aaron einen Krug in der Hand. Mit ihm deutet Marc Chagall die Aufgabe von Aaron an. Aus einem Krug kann nur fließen, was zuvor in ihn eingefüllt worden ist. Der Krug ist ein Gefäß, dem ein bestimmtes Fassungsvermögen eigen ist. Aaron soll zum Volk sprechen, aber nicht eigene Worte, sondern jene, die Mose von Gott empfangen und ihm zum Verkünden weitergegeben hat. Der Krug ist Zeichen für die zunächst von Aaron empfangene Botschaft. Deshalb ist auch der Inhalt des Kruges, der in der Öffnung sichtbar wird – wie das Gewand des Aaron – in Hoffnung vermittelndem Grün gemalt. So sind Sendung und Aufgabe von Aaron im Symbol des Kru-

ges dargestellt: »Er wird für dich der Mund sein und du wirst für ihn Gott sein« (Ex 4,16). Mose wird für Aaron »Gott sein«, weil es nicht Moses Wort, sondern Gottes Weisung ist, die über den Mittler Mose an Aaron zur Weitergabe ergeht.
Das Volk, Frauen und Männer, schließen sich Mose und Aaron an. Auffallend ist in der linken oberen Bildecke ein Mann, der in seiner Rechten den siebenarmigen Leuchter trägt. Wieder nimmt hier der Künstler ein Symbol vorweg, von dem später im Buch Exodus die Rede ist. Während vier Kerzen in Weiß gemalt sind, strömt vom Leuchter her Goldgelb zunächst auf Gesicht und Gestalt des Leuchterträgers über und teilt sich dann dem gesamten Bild mit: nicht nur Mose und Aaron, sondern auch Frauen und Männern in der rechten oberen Bildecke. Und dieses Goldgelb fließt auch in den Bildgrund ein. Nicht anders ist es mit dem Weiß der Kerzen, das sich wiederfindet in der Hand, die den Leuchter trägt, weiterhin in Mose und Aaron und einer Gruppe am oberen Bildrand.
Der siebenarmige Leuchter, die Menora, ist Symbol für die Gegenwart Gottes. In der Vision des Propheten Sacharja, der im 6. Jahrhundert vor Christus wirkte, stellen die sieben Lampen auf dem Leuchter die Augen Jahwes dar (vgl. Sach 4,2.10). In diesem Leuchter ist somit die Gegenwart Gottes versinnbildet. Mit Gottes Wort an Mose »Ich bin mit dir« (Ex 3,12) kann das Volk rechnen, wenn es auf Gott und seinen Diener Mose hört. Und das ist zu diesem Zeitpunkt der Fall. Wir lesen: »Da glaubte das Volk, und als sie hörten, daß der Herr sich der Israeliten angenommen und ihr Elend gesehen habe, verneigten sie sich und warfen sich vor ihm nieder« (Ex 4,31).
Die Farbgebung der Lithographie kündet den Glauben, das Gottzugewandtsein des Volkes: das Goldgelb göttlichen Lichtes, das Blau des Himmels, das Grün der Hoffnung, das Rot der Liebe. Das sich mitteilende göttliche Licht wird auch in der linken, in Wirklichkeit aber zweiten rechten Hand des Leuchterträgers sichtbar. Sie weist zurück auf den unsichtbaren, geheimnisvollen Gott, der hinter allem steht und einen Bund mit seinem Volk schließen wird, der im Blut der Opfertiere – deshalb das eingebrachte Rot – begründet werden soll.
Die in Goldgelb-Rot gemalte Frau rechts hinter Aaron hält ein Blatt in der Hand. Vielleicht stehen auf ihm die Worte aus dem Buch Exodus: »Der Herr sprach: Ich habe das Elend meines Volkes in Ägypten, gesehen und ihre laute Klage über ihre Antreiber habe ich gehört. Ich kenne ihr Leid. Ich bin herabgestiegen, sie der Hand der Ägypter zu entreißen und aus jenem Land hinaufzuführen in ein schönes, weites Land, in ein Land, in dem Milch und Honig fließen ...« (Ex 3,7.8). Milch- und Honig-Farbtöne sind im Bild zu finden.
Für den Bildaufbau mag Marc Chagall vielleicht von dem Psalmwort inspiriert worden sein: »Du führtest dein Volk wie eine Herde durch die Hand von Mose und Aaron« (Ps 77,21). Auf dieses Wort könnte die auffallend groß gemalte Hand von Mose anspielen. Der eigentlich Führende ist der Herr.

Mose und Aaron vor dem Pharao

Danach gingen Mose und Aaron ...« (Ex 5,1a). – Gehend mehr als stehend, hat Marc Chagall die beiden, gleichsam beim Betreten des Thronsaals, gemalt. Es besteht ein ins Auge springender Kontrast zur frohmachenden Farbgebung im vorangehenden Bild: »An der Spitze des Volkes«. Einen düsteren, man möchte meinen, unterirdischen, im Kellergeschoß des Palastes des Pharao befindlichen Raum zeigt uns die Lithographie. Der Beschauer fühlt sich einbezogen, wird gleichsam Augenzeuge von dem, was hier vorder- und hintergründig geschieht. Das Dunkel wird zum Zeichen für die Situation, die Nacht der Knechtschaft, aber auch für geistige Umnachtung, Verblendung, für das Schattendasein des Pharao gegenüber dem Gott Israels.

Im Hintergrund der rechten oberen Bildecke, am Ende des Saales, fast an die Wand gedrückt, sehen wir den Thron des Pharao, der mehr einem leicht wegzuschiebenden, umzustürzenden Spielzeugthron gleicht als einem Macht demonstrierenden Herrscherthron. Hier wird etwas von der Ohnmacht des Pharao gegenüber El Schaddai, dem Allmächtigen, spürbar. Die Gestalt des Pharao ist auffallend klein, mehr noch die seiner Bediensteten. In der Kleinheit des Pharao und seiner Höflinge um den Thron mag eine weitere Andeutung des Künstlers liegen, daß es mit des Pharaos Macht nicht so weit her ist. Noch ist er im Besitz seiner königlichen Macht. Thron, Krone und Königsmantel sind Zeichen seiner Herrschaft. Abweisend und voller Verachtung schaut der Pharao auf die Männer, die den Saal betreten haben. Zugleich aber wirken die Gesichtszüge erschreckt, versteinert, als spüre der König die Übermacht, der er im Gegenüber begegnet. Das Rot im Saum seines Gewandes kehrt, einer Banderole ähnlich, in einer der das Gewölbe des Saales tragenden Säulen wieder. Die andere nimmt etwas von dem mehr roséfarbenen Ton in den Stufen des Thrones auf. Diese Säulen tragen nicht nur die Gewölbe, sondern versinnbildlichen die »Säulen der Macht«. Und vielleicht deutet das Rot im Königsmantel und Kapitell der Säule an, worauf diese Macht gegründet ist: auf Unterdrückung, Gewalt, die Blutvergießen nicht scheut.

Auffallend ist die kubistische Aufbereitung des Bodens. Geometrische Formen, magische Zeichen hat der Künstler in die Steinfliesen eingebracht. Wir sind im Land der ägyptischen Wahrsager und Zauberer. Sechsmal begegnen uns im Boden der Mondsichel ähnliche Figuren, die hier wohl Zeichen für Vergänglichkeit sind. Durch die Wiederholung wird dieses Zeichen verstärkt. Der Zeitpunkt der Vergänglichkeit der zur Schau gestellten Macht ist nicht mehr fern.

Nur aus respektvoller Entfernung, die den Abstand zwischen dem Herrscher und den Untertanen betont, darf der Pharao angesprochen werden. Mose und Aaron in der linken unteren Bildecke, im Vordergrund sichtbar, sind von der Perspektive und mehr noch von ihrer Bedeutung her viel größer gemalt. Den Blick auf sich ziehend und das Bild beherrschend ist die lichtdurchstrahlte Gestalt des Mose. In ihr konzentriert sich das Licht. In seinem Gesicht erfährt es die höchste Intensität. Nicht im eigenen Namen ist er zu dem Pharao gekommen. Jahwe hat ihn gesandt und ist mit ihm, wie die Strahlen erkennen lassen, die vom Kopf des Mose ausgehen. Das Licht, in das Mose getaucht ist und das von ihm ausgeht, ist

viel stärker, strahlender als im Pharao. Mose ist durch Gott, der mit ihm ist, viel stärker als der Herrscher von Ägypten. Deshalb hat Marc Chagall Mose zwei rechte Hände gemalt. Die rechte Hand am linken Arm nimmt ein wenig vom Olivgrün im Königsmantel des Pharao auf. Sie weist auf den Gottkönig hin, vor dem der Pharao ein schwacher, sterblicher Mensch ist. Das Gesicht des Mose ist nicht dem Pharao zugewandt, sondern einem zur Rechten, der nicht sichtbar ist; auf den hingerichtet, der ihn anstrahlt, erstrahlen läßt, von dem ihm Licht wird. Sein geistiger Blick geht hin zu dem Gott Abrahams, Isaaks und Jakobs, der sich Mose geoffenbart, ihn gesandt hat.

Mose steht nicht. Die Fußstellung ist die eines Gehenden. Die Füße sind zweifarbig gemalt. In dem rechten Fuß, dem Standbein, finden wir Blau, die Farbe des Himmels. In Gott hat Mose seinen Stand, von ihm her wird ihm Standfestigkeit. Der linke Fuß ist erdfarben. In der Gestik des Gehens und der bittenden, verlangend ausgestreckten Arme verleiht Marc Chagall dem Wort des Mose sichtbaren Ausdruck: »So spricht Jahwe, der Gott Israels: Laß mein Volk ziehen, damit sie mir in der Wüste ein Fest feiern« (Ex 5,2). Das ist die Botschaft, mit der Mose und Aaron zum Pharao gesandt sind. Und Gott läßt nicht ab davon, bis die Bitte erfüllt sein wird. Mose wird sie bei jeder Begegnung mit dem Pharao wiederholen (vgl. Ex 7,16.26; 9,1; 10,3).

Hinter Mose, und zugleich ihm zur Seite, ihm farblich zugeordnet, steht Aaron zur Linken von Mose. Er trägt den Gottesstab in der Hand. An der Lostasche auf der Brust und dem Turban ist Moses Begleiter eindeutig als Aaron erkennbar. Auch er schaut nicht zu dem Pharao hin, sondern – wie fasziniert – voll Bewunderung auf den von göttlichem Licht und göttlicher Kraft durchstrahlten Mose.

Der Pharao hört die Botschaft: »Laß mein Volk ziehen ...!« (Ex 5,2). Die Mehrfarbigkeit seines Gewandes ist vielleicht Andeutung seiner inneren Zerrissenheit, Zwiespältigkeit. Ständig wird er, wie die kommenden Kapitel ausweisen, hin und her schwanken zwischen der Entscheidung, das Volk ziehen zu lassen oder festzuhalten. Zunächst will er nichts davon wissen, der Bitte nicht stattgeben. »Wer ist Jahwe, daß ich auf ihn hören und Israel ziehen lassen sollte? Ich kenne Jahwe nicht und denke auch nicht daran, Israel ziehen zu lassen. Da sagten sie: Der Gott der Hebräer ist uns begegnet, und jetzt wollen wir drei Tagemärsche weit in die Wüste ziehen und Jahwe, unserem Gott Schlachtopfer darbringen, damit er uns nicht mit Pest oder Schwert strafe. Der König von Ägypten entgegnete ihnen: Warum, Mose und Aaron, wollt ihr die Leute zum Nichtstun verleiten? Fort mit euch, tut euren Frondienst! Der Pharao fuhr fort: So viele Leute sind jetzt im Land, und ihr wollt sie vom Frondienst abhalten?« (Ex 5,2–5). Die Hofleute um den Thron wirken verängstigt. Noch ist der Pharao unbeugsam, schroff ablehnend. Doch der Pharao wird sich dem beugen müssen, dessen Name ist: »Ich bin der ›Ich-bin-da‹« (Ex 3,14).

Das Strafgericht der ägyptischen Finsternis

Da sprach der Herr zu Mose: Strecke deine Hand zum Himmel aus, dann wird eine Finsternis über Ägypten kommen, und es wird stockdunkel werden« (Ex 10,21). – Von den zehn Plagen, die Ägypten des unbeugsamen Pharao wegen treffen, hat sich der Maler, in dessen Kunstschaffen es immer um Hell und Dunkel geht, die ihm vom Licht her kontrastreichste herausgesucht, das Strafgericht der dreitägigen Finsternis, die neunte Plage.
Der größte Teil des Bildes, etwa vier Fünftel von oben nach unten, ist gefüllt mit Finsternis in einer Vielzahl von Abschattierungen und Aufhellungen in Blau-, Rot-, Grün- und anderen Farbtönen. Dadurch wird die Finsternis plastischer, bewegter, undurchdringbar, in ihrer Tiefenwirkung gesteigert.
An der rechten oberen Bildkante sehen wir einen von den spiralförmigen Schwanzfedern eines unterhalb dargestellten Vogels begrenzten und zugleich kenntlich gemachten zusammengerollten, schwarzen Teppich. Es ist, als habe Gott durch seinen Engel einen Teppich der Finsternis über Ägypten ausgerollt: »Man konnte einander nicht sehen und sich nicht von der Stelle rühren, drei Tage lang« (Ex 10,23). Auch dieses Wort hat Marc Chagall in seine Lithographie eingebracht. In der Mitte unterhalb des oberen Bildrandes – der dort gemalte Engel weist mit der rechten ausgestreckten Hand darauf hin – sehen wir eine tiefdunkle Partie und in ihr – nur bei äußerst genauem Hinschauen gerade noch ersichtlich – ein durchschimmerndes Gesicht.
Um so stärker hebt sich aus der Finsternis fast gespensterhaft, überdimensional groß gemalt, die lichte Gestalt des Mose ab, bekleidet mit einem zu Grün, Gelb, Braun, Blau hin gebrochenen, weißen Gewand, Stirn und Gesicht und die auf dem Herzen liegende, linke Hand grünen in der Finsternis, mit unbesiegbarer Kraft lebendiger Hoffnung begrünt. Von woher Mose diese Hoffnung zukommt, das verdeutlichen die die Farbe des Gewandes aufnehmenden Strahlen, die von seinem Kopf ausgehen. Die Hoffnung kommt ihm von oben, von Gott her. Doch nicht nur die Mose durchdringende Hoffnung, auch das Hereinbrechen der Finsternis ist von Gott gewirkt und wird durch Mose nur ausgeführt: »Mose streckte seine Hand zum Himmel aus, und schon breitete sich tiefe Finsternis über ganz Ägypten aus, drei Tage lang« (Ex 10,22).
Es geht um ein Doppelwunder: um Finsternis für die Ägypter, um Licht für die Israeliten. »Wo aber die Israeliten wohnten, blieb es hell« (Ex 10,23). Im unteren Bildbereich erfährt die Finsternis eine deutliche Begrenzung in einer Mischung von Licht und Finsternis in Richtung auf anhebende Morgenröte hin, durch einen schmalen, weißen Saum – wie ein Hauch von Schnee auf sich erhebenden Bergen – verstärkt. Was darunter gemalt ist, das ist keine undurchdringliche Finsternis, sondern von Licht erhellt. Gestalten in Himmelblau mit zum Lob Gottes erhobenen Händen sind zu erkennen. Im Vordergrund sehen wir eine Frau. Ihre linke Hand liegt auf der Brust. Ihr Gesicht ist voll Staunen im Erleben des Doppelwunders. Rechts neben ihr hat der Künstler einen schwebenden Engel mit roten Flügeln im Bild

angedeutet. Es ist, als gehe von ihm eine roséfarbene Lichtschneise aus. Er ist gesandt, den Israeliten inmitten der das Land beherrschenden Finsternis das Licht zu bewahren.

In der linken unteren Bildecke, abgegrenzt von den Israeliten durch eine Schranke, dürfte der Pharao stehen. Hinter ihm türmt sich die Finsternis wie eine Wand. Sie fließt in die abgedunkelte gelbe, mit purpurnem Obergewand bekleidete Gestalt ein. Gegenüber Mose ist er ein Winzling, schaut und zeigt mit dem Arm auf Mose hin. Wir sehen hier den Pharao an einer Stelle, wo wir ihn nicht vermuten: nahe den Israeliten. Dennoch am richtigen Platz. Es ist der einzige Ort, von dem aus der Pharao das Doppelwunder erleben kann: die Finsternis bei den Ägyptern und bei den Israeliten das Licht. Zudem könnten wir den Pharao gar nicht sehen, stünde er in der Finsternis, wohin er eigentlich gehört.

In der rechten unteren Bildecke blickt Aaron – auch er von der Bedeutung her recht groß gemalt – zu Mose auf. In ihm spiegeln sich die Farben der linken unteren Bildecke: Das Blau des Himmels in seinem Gesicht, das Rot der Flügel des Engels und der ihn umgebenden, in Rosé gemalten Helligkeit im Turban. Zusätzlich finden wir das Goldgelb göttlicher Einstrahlung in Bart und Hand, das von Mose auf ihn überspringt. Der Grünton seines Gewandes reflektiert das lichtvollere Grün im Gesicht des Mose. Ergriffen von diesem erneuten Machterweis Gottes, kann Aaron nicht anders als – wie gebannt – zu Mose aufschauen.

Werfen wir noch einen Blick auf den Engel unterhalb des rechten oberen Bildrandes! Vorwiegend umrißhaft gemalt, hebt er sich von der Finsternis ab, schwebt mit rotem Stirnband in zartem, das Himmelblau in der linken unteren Bildpartie aufnehmenden Farbton der Bildmitte zu. Er deutet in die Finsternis hinein, bringt gleichsam den Teppich der Finsternis mit. Er selbst schwebt mehr vor ihr als in ihr und weist so über die Finsternis hinaus in die Zukunft hinein. Sein rotes Stirnband läßt an die noch ausstehende, zehnte und letzte Plage, die Tötung der Erstgeburt, denken. In seiner Gestik nimmt Gottes Aufforderung an den Pharao erneut Gestalt an: »Laß mein Volk ziehen...!« (Ex 5,2).

In dieselbe Richtung weist auch unter dem Engel ein Mensch, von dem nur Kopf und Beine, letztere in schreitender Bewegung, sichtbar sind. Das uns zugewandte Gesicht befindet sich in einem im Vorderteil in Grünton gemalten, rötlich umrandeten Vogel, dessen Fuß und Schwanzfedern – der Finsternis entsprechend – ebenfalls nur umrißhaft gezeichnet sind. Damit will Marc Chagall wohl andeuten, daß geistige, über das Irdische emporgehobene Schau nötig ist, um von dem Vordergründigen des Geschehens zu dem Übergründigen zu gelangen: Gott will durch dieses vorletzte, neunte Strafgericht den Pharao bewegen, doch endlich das Gottesvolk freizugeben, aus der Knechtschaft in die Freiheit zu entlassen.

Der ägyptische König blieb von diesem Strafgericht nicht unberührt: »Da ließ der Pharao Mose rufen und sagte: Geht und verehrt Jahwe!« Aber dann kommt sofort wieder eine Einschränkung: »Nur eure Schafe, Ziegen und Rinder sollen bleiben. Eure Kinder dürfen mitziehen« (Ex 10,24). Der Pharao will ein Faustpfand in der Hand behalten. Aber darauf darf Mose sich nicht einlassen. Gott duldet keine Beschränkung. Es geht um Freiheit für das Volk und alles, was dem Volk gehört. Nochmals läßt Gott zu, daß sich das Herz des Pharao verhärtet, »so daß er sie nicht ziehen lassen wollte. Der Pharao sagte zu Mose: Weg von mir! Hüte dich, mir jemals wieder unter die Augen zu treten. Denn an dem Tag, an dem du mir unter die Augen trittst, mußt du sterben. Da sagte Mose: Gut, dein Wort soll gelten. Ich werde dir nie mehr unter die Augen treten« (Ex 10,27–29).

Mose muß nicht mehr von sich aus vor den Pharao hintreten, denn das nächste Mal wird der Pharao ihn zu sich rufen: »Da sprach der Herr zu Mose: Noch eine Plage schicke ich dem Pharao und seinem Land. Danach wird er euch von hier weggehen lassen. Und wenn er euch endlich ziehen läßt, wird er euch sogar fortjagen« (Ex 11,1).

Der Durchzug durch das Schilfmeer

Da standen der Pharao, alle seine Diener und alle Ägypter noch in der Nacht auf, und großes Wehgeschrei erhob sich bei den Ägyptern; denn es gab kein Haus, in dem nicht ein Toter war« (Ex 12,30). – Nach dieser letzten Plage, dem Tod aller Erstgeborenen in Ägypten, ist es soweit: »Der Pharao ließ Mose und Aaron noch in der Nacht rufen und sagte: Auf, verlaßt mein Volk, ihr beide und die Israeliten! Geht und verehrt Jahwe, wie ihr gesagt habt. Auch eure Schafe, Ziegen und Rinder nehmt mit, wie ihr gesagt habt. Geht und betet auch für mich! Die Ägypter drängten das Volk, eiligst das Land zu verlassen, denn sie sagten: Sonst kommen wir noch alle um« (Ex 12,31–33). Die Stunde des Exodus ist gekommen: »Der Herr zog vor ihnen her, bei Tag in einer Wolkensäule, um ihnen den Weg zu zeigen, bei Nacht in einer Feuersäule, um ihnen zu leuchten. So konnten sie Tag und Nacht unterwegs sein« (Ex 12,31).

Aber das Herz des Pharao verhärtete sich nochmals: »Als man dem König von Ägypten meldete, das Volk sei geflohen, änderten der Pharao und seine Diener ihre Meinung über das Volk und sagten: Wie konnten wir nur Israel aus unserem Dienst entlassen! Er ließ seine Streitwagen anspannen und nahm seine Leute mit« (Ex 14,5.6). Todesangst bemächtigt sich der Israeliten, die, von Wüste und Schilfmeer umschlossen, den nachjagenden Ägyptern preisgegeben sind. »Mose aber sagte zu dem Volk: Fürchtet euch nicht! Bleibt stehen und schaut zu, wie der Herr euch heute rettet. Wie ihr die Ägypter heute seht, so seht ihr sie niemals wieder. Der Herr kämpft für euch, ihr aber könnt ruhig abwarten« (Ex 14,13.14).

Die nun folgende Rettungstat Gottes hat Marc Chagall gemalt: den Durchzug durch das Schilfmeer. »Der Herr sprach zu Mose: Was schreist du zu mir? Sag den Israeliten, sie sollen aufbrechen. Und du heb deinen Stab hoch, streck deine Hand über das Meer, und spalte es, damit die Israeliten auf trockenem Boden in das Meer hineinziehen können ... Mose streckte seine Hand über das Meer aus, und der Herr trieb die ganze Nacht das Meer durch einen starken Ostwind fort. Er ließ das Meer austrocknen und das Wasser spaltete sich« (Ex 14,15.16.21).

Wir sehen Mose links unten im Bild am Ufer stehen, lichtdurchflossen, den linken Arm erhoben mit dem Stab in einer zweiten rechten Hand. Diese zweite rechte Hand verrät, daß Gott es ist, der durch Mose mit »starker Hand« (Ex 3,19) das Wunder bewirkt. In dieselbe Richtung weisen die von Mose ausgehenden Strahlen, die sich in seinem goldgelben, mit zartem Grün überzogenen und damit ein wenig gedämpft wirkenden Gewand fortsetzen, bis in seine Beine hinein.

Hinter Mose erstreckt sich die Weite des Meeres in abgestuften Blautönen, durchschnitten von bevölkerter Straße. Im oberen Teil des Meeres, links neben der Schneise, schwimmt vom Wasserspiegel leicht überdeckt, ein sich umarmendes Liebespaar. Hier dürfte die rettende, Geborgenheit schenkende Funktion des Schilfmeeres angedeutet sein, das sich auf Gottes Geheiß gespalten, mit dem Volk verbündet hat und den Israeliten trockenen Fußes den Durchzug gewährt.

»Der Engel Gottes, der den Zug anführte, erhob sich und ging an das Ende des Zuges« (Ex 14,19). Marc Chagall beläßt ihn in seiner Lithographie an der Spitze des Volkes. Er schwebt majestätisch über dem Meer, weist den Weg und schaut in graziöser, liebevoller Gebärde, dem Volk zugewandt, behütend auf dieses zurück.

»Und die Wolkensäule vor ihnen erhob sich und trat an das Ende. Sie kam zwischen das Lager der Ägypter und das Lager der Israeliten. Die Wolke war da und Finsternis, und Blitze erhellten die Nacht. So kamen sie die ganze Nacht einander nicht näher« (Ex 14,19.20). Wolkensäule und Feuersäule verschmelzen im Bild miteinander, verdichtet zu einer undurchdringbaren Trennwand zwischen dem Gottesvolk und seinen nachdrängenden Feinden.

»Die Israeliten zogen auf trockenem Boden ins Meer hinein, während rechts und links von ihnen das Wasser wie eine Mauer stand« (Ex 14,22). Das Volk folgt, das Meer durchwandernd, dem Engel Gottes. Einige Gesichter schauen angsterfüllt zurück in der Sorge, die gefürchteten Ägypter könnten vielleicht doch noch die dichte Wolkenwand durchdringen. Was dann? Tatsächlich wagen die Verfolger, es den Israeliten nachzutun: »Die Ägypter setzten ihnen nach; alle Pferde des Pharao, seine Streitwagen und Reiter zogen hinter ihnen ins Meer hinein« (Ex 14,23). Aufgehalten werden sie einzig durch die Feuer- und Wolkensäule. Die Nacht ist dem neu anhebenden Tag gewichen. Morgenröte wird am Horizont sichtbar. Da geschieht nun das, was in der aufgerollten Torarolle des Buches Exodus geschrieben steht, die ein Engel, dem rechten Bildrand nahe, auf die Ägypter zufliegend, ihnen zum Lesen vorhält: »Um die Zeit der Morgenröte blickte der Herr aus der Feuer- und Wolkensäule auf das Lager der Ägypter und brachte es in Verwirrung. Er hemmte die Räder an ihren Wagen und ließ sie nur schwer vorankommen« (Ex 14,24.25). Durcheinander und Verwirrung sind in dem verschobenen, breitseits stehenden Wagen des Pharao und den zum Land Zurückdrängenden deutlich erkennbar im Kontrast zu dem wohlgeordneten Zug der Israeliten jenseits der Wolke. »Da sagte der Ägypter: Ich muß vor Israel fliehen; denn Jahwe kämpft auf ihrer Seite gegen Ägypten« (Ex 14,25).

»Da sprach der Herr zu Mose: Streck deine Hand über das Meer, damit das Wasser zurückflutet und den Ägypter, seine Wagen und Reiter zudeckt« (Ex 14,26). Was dann auch geschah! Die am rechten Bildrand in das Grau der Wolkenwand eingezeichnete, weiße Mondsichel und Mondsicheln am unteren Bildrand dürften in ihrer Abwendung von den Ägyptern, Symbol für Vergänglichkeit sein. »Die Israeliten aber waren auf trockenem Boden mitten durch das Meer gezogen, während rechts und links von ihnen das Wasser wie eine Mauer stand. So rettete der Herr an jenem Tag Israel aus der Hand der Ägypter ... Als Israel sah, daß der Herr mit mächtiger Hand an den Ägyptern gehandelt hatte, fürchtete das Volk den Herrn. Sie glaubten an den Herrn und an Mose, seinen Knecht« (Ex 29,30a,31).

Das Danklied von Mirjam und den Frauen

Die Angst vor den todbringenden Feinden weicht der Freude. Das Wunder der Errettung des Volkes führt zu befreiendem Jubel im Danklied des Mose: »Damals sang Mose mit den Israeliten dem Herrn dieses Lied; sie sagten: Ich singe dem Herrn ein Lied, denn er ist hoch und erhaben. Rosse und Wagen warf er ins Meer...« (Ex 15, 1f). Doch das Lied des Mose ist noch der Ergänzung und Steigerung fähig und erfährt sie im Tanz der singenden Frauen: »Die Prophetin Mirjam, die Schwester Aarons, nahm die Pauke in die Hand, und alle Frauen zogen mit Paukenschlag und Tanz hinter ihr her« (Ex 15, 20). In diesem Freudentanz von Mirjam und den Frauen verbinden sich Anmut und Bewegung, Hochstimmung und Beglücktsein, Musik und Gesang, wie die Lithographie von Marc Chagall sie uns zeigen.

Wir sehen vier Frauen, stellvertretend für alle. Sie haben, wie schon lange nicht mehr, ihre Festtagsgewänder angelegt, sich festlich gekleidet. Ihre Bewegtheit und das Zusammenspiel der Bewegung in den vier Frauen lassen sie uns tanzend erleben. Der Leib hat seine eigene Sprache, die an Ausdruckskraft die des gesprochenen Wortes zuweilen noch zu übertreffen vermag. Die farblich aufeinander abgestimmten Kleider in Rot, Blau, Grün und mehrfarbigem Dessin, sowie der dazu passende Blütenstrauß, lassen erkennen: Es ist ein frohes Ereignis, das die Frauen besingen, vertanzen. In den farbigen Gewändern klingen die Elemente zusammen: im Rot das Feuer, im Blau Himmel und Wasser, im Grün die Erde, und in dem mehrfarbigen Kleid und Strauß findet die Vielfalt zur Einheit.

Tanzen bedarf der Rhythmen, rhythmischer Begleitung durch Instrumente. Marc Chagall hat dazu das Tamburin, ein typisches Tanzinstrument gewählt, das besonders geeignet ist, Klang in Bewegung und Bewegung in Klang umzusetzen.

Wem gilt dieses Singen, Tanzen, Musizieren? Die Arme der Frauen weisen nach oben, sind zum Himmel erhoben, was in Verbindung mit dem Tamburin gut möglich ist. Und es ist innere Freude, die aus dem Herzen kommt, wie die auf dem Herzen der rotgewandeten Frau liegende Hand kundtut. Es gilt nicht einen Menschen, sondern den großen Gott und Retter zu feiern, der über ihnen steht und doch, wie seine Rettungstat zeigt, so nahe ist. Eine der vier Frauen überragt die anderen. Der Künstler hat sie doppelt so groß gemalt, nicht weil sie die anderen an Körpergröße übertroffen hätte, sondern weil ihr besondere Bedeutung zukommt. Es ist jene Frau, die namentlich genannt wird: Mirjam, die Schwester von Aaron und Mose. Aber auch die enge Verwandtschaft begründet nicht die Größe der Darstellung von Mirjam, sondern ihre Geistbegabtheit. Mirjam wird Prophetin genannt. Sie ist ekstatisch begabt. Mirjam ist Frau, wie die anderen der Mutter Erde verbunden. Ihre grünender Vegetation zur Rechten zugewandte Brust ist in dem gleichen Grünton gehalten. Die andere Brust, in goldgelbem Farbton gemalt, verrät etwas von göttlicher Einstrahlung. Es ist ein Lied für Gott, wie dies zusätzlich in den erhobenen Armen mit zwei ebenfalls goldgelb gemalten Tamburinen in den Händen deutlich wird.

Mirjam ist prophetisch begabte Ekstatikerin. Und ihre ekstatische Begeisterung ist es, die auf die anderen Frauen überspringt, sie zu gottgewirktem Freudentanz stimuliert. So finden wir denn auch in jeder der Frauen etwas von diesem Goldgelb göttlicher Einstrahlung, ob in der Gesichtshälfte der Frau im grünen Gewand oder in der Brust, der Augenpartie und dem Tamburin der Frau im roten Gewand oder eingesprenkelt in dem mehrfarbigen Kleid der Frau rechts unten.

Wir kennen das Lied: »Mirjam sang ihnen vor: Singt dem Herrn ein Lied, denn er ist hoch und erhaben! Rosse und Wagen warf er ins Meer« (Ex 15,21). Es ist das Lied des Mose, das sie aufnimmt, in das sie und mit ihr die Frauen einstimmen. Die Rolle, die Mirjam, die Prophetin, spielt, und der Liedtext haben Marc Chagall zu entsprechender Darstellung und Farbgestalt inspiriert. Nicht von ungefähr ist ihr Rock in das Blau des Himmels getaucht. Und auch das dürfte in der Größe ihrer Gestalt mitangesprochen sein: Mirjam wächst im Gotteslob über sich hinaus.

Lebensfreude keimt, bricht nach dem Erleben der wunderbaren Rettung wieder auf. Blau des Himmels, Rot der Liebe, Grün erwachender Vegetation, frühlinghafte Blütenpracht künden davon.

Die zahlreichen Mondsicheln in der Lithographie, in der linken oberen Bildecke, im Tamburin von Mirjam und ihrem Rock, sowie mehrere kleine Mondsicheln im bunten Kleid der Frau mit dem Strauß sind Symbol des Weiblichen, der Empfänglichkeit, hier für göttliches Einwirken. Die Gesichter der Frauen spiegeln etwas von Ergriffensein, Innerlichkeit, Ekstatik, aber auch von den durchgestandenen Ängsten und Schrecken vergangener Stunden, die aus ihnen noch nicht völlig gewichen sind.

Vögel und Landtiere freuen sich mit. Zugleich weisen die Vögel darauf hin, daß auch dieses Bild geistig verstanden sein will. Die beiden von Mirjam wegfliegenden Vögel sind sowohl Symbol der in Lied und kultischem Tanz zur Höhe aufsteigenden Gebete, wie auch der Eigentümlichkeit der Freude, auf andere überzuspringen, sich ihnen mitzuteilen.

Bleibt der rotblättrige Baum am linken Bildrand! In der Farbgebung erinnert er an das Rotgelb im brennenden Dornbusch, an jene Gottbegegnung des Mose, mit der die Rettung ihren Anfang nahm. Der Stamm des Baumes ist eigenartigerweise mit einem Fisch verschmolzen, dessen Schwanzflosse gleichsam zur Wurzel des Baumes wird. Der Fisch ist Zeichen für unsichtbares, verborgenes Leben, für das verborgene Leben in uns, die Seele. Die stärkste, kostbarste Kraft im Menschen aber ist die Liebe. In ihr treibt die Seele die schönsten, beglückendsten Blüten. Und genau darum geht es in unserem Bild. Es ist ein gemaltes Liebeslied, geweiht dem liebenden Gott, der seine Liebe dem Volk im Durchzug durch das Schilfmeer erwiesen hat. Die Leiblichkeit, dargestellt in den beiden Landtieren am rechten Bildrand, und ihnen gegenüber die Gemüts- und Geisteskräfte der Seele, veranschaulicht in dem Fisch und in den Vögeln, künden den Freudentaumel ob des Errettetseins, der Seele und Leib ergreift. Ganzmenschlich wird in Lied und Tanz Gott Lob und Dank: »Singt dem Herrn ein Lied, denn er ist hoch und erhaben!« Und indem der Gesang der tanzenden Frauen das Danklied des Mose, dem es sich anschließt, aufnimmt, weiterträgt, ihm fraulichen Ausdruck verleiht, hören wir gleichsam jene anderen Worte aus diesem Lied: »Meine Stärke und mein Lied ist der Herr, er ist für mich zum Retter geworden. Er ist mein Gott, ihn will ich preisen; den Gott meines Vaters will ich rühmen« (Ex 15,2).

Wasser aus dem Felsen

Der Zug des Volkes führt vom Schilfmeer durch Wüstenland. Wir lesen: »Die ganze Gemeinde der Israeliten brach von Elim auf und kam in die Wüste Sin, die zwischen Elim und dem Sinai liegt ... In Refidim schlugen sie ihr Lager auf. Weil das Volk kein Wasser zu trinken hatte, geriet es mit Mose in Streit und sagte: Gebt uns Wasser zu trinken!« (Ex 16,1; 17,2). Das ist die Situation, auf der unsere Lithographie aufbaut. Bildgrund ist Wüstenland, Sand, nur trockener, gelblicher Wüstensand, ohne jede Vegetation, weil es weder fließendes Wasser noch eine Wasserstelle, einen Brunnen gibt.

Es ist noch nicht lange her, daß Jahwe sein Volk im Durchzug durch das Schilfmeer vor todbringenden Feinden errettet hat. Jetzt ist es in der Wüste Sin vom Tod des Verdurstens bedroht. Schon ist das Wunder der Errettung vergessen: »Das Volk dürstete nach Wasser und murrte gegen Mose. Sie sagten: Warum hast du uns überhaupt aus Ägypten hierher geführt? Um uns, unsere Söhne und unser Vieh verdursten zu lassen?« (Ex 17,3). Durst ermattet. Wir sehen, einige können sich nicht mehr auf den Füßen halten, sitzen, liegen, knien im Sand. Selbst dem genügsamen Esel in der rechten unteren Bildecke hängt die Zunge heraus.

Mose selbst leidet ebenso unter dem Durst und der sengenden Glut der zu Gelb hin aufgehellten roten Sonne. Mose, Gottes treuer Diener, weist die Murrenden auf ihre Unbotmäßigkeit hin: »Was streitet ihr mit mir? Warum stellt ihr den Herrn auf die Probe?« (Ex 17,2). Später wird der Herr auf diese Begebenheit zurückkommen: »Ihr sollt den Herrn, euren Gott, nicht auf die Probe stellen, wie ihr ihn bei Massa auf die Probe gestellt habt« (Dtn 6,16), ein Gotteswort, das Jesus dem Versucher in der Wüste gegenüber zitiert und bestätigt (vgl. Mt 4,7). – Wohl in Erinnerung an dieses Gebot greift Marc Chagall der Zeit voraus, indem er der Sonne umrißhaft in Grauton das Gesicht des Mose und rechts von ihm die Tafeln des Bundes, das Bundesgesetz eingefügt hat. Und da dieses mit dem im Blut der Opfertiere geschlossenen Bund Gottes zusammenhängt, hat der Künstler der Sonne zum Mittler des Bundes, zu Mose hin einen blutroten Rand gegeben. Der Bundesschluß wird dann auch auf demselben Berg geschehen, über dem hier die Sonne steht.

Doch das Volk läßt sich nicht beruhigen. Sein Murren wird immer bedrohlicher: »Mose schrie zum Herrn: Was soll ich mit diesem Volk anfangen? Es fehlt nur wenig, und sie steinigen mich« (Ex 17,4). Die Antwort Gottes bleibt nicht aus. Gott erscheint im Bild in jenem Zeichen, das Marc Chagall dem Parallelbericht im Buch Numeri entnommen hat. Da sind es Mose und Aaron, die Gott das Murren des Volkes vortragen. Sie »gingen zum Eingang des Offenbarungszeltes und warfen sich auf ihr Gesicht nieder. Da erschien ihnen die Herrlichkeit des Herrn« (Num 20,6). Diese »Herrlichkeit des Herrn« ist in der großen, Strahlen aussendenden Sonne gegenwärtig, die Chagall in zum Grau hin gebrochenen Weißtönen, in Goldgelb, zartem Olivgrün und zum Gelb hin abgestuftem Rot gemalt hat. In den tiefroten, abgesetzten Strichlein ist Gott als Bundespartner vorsichtig angedeutet.

Gott greift ein: »Der Herr antwortete Mose: Geh am Volk vorbei, und nimm einige von den Ältesten Israels mit; nimm auch den Stab in die Hand, mit dem du auf den Nil geschlagen hast, und geh! Dort drüben, auf dem Felsen am Horeb werde ich vor dir stehen. Dann

schlag an den Felsen! Es wird Wasser herauskommen, und das Volk kann trinken« (Ex 17,5.6). Wir sehen über der zum Bergkamm des Sinaigebirges aufsteigenden Wüste den »Felsen am Horeb«, einem anderen Namen für den Sinai. Mose steht vor dem Fels, das Volk überragend und doch zugleich einsam, isoliert von dem Volk, das sich murrend gegen ihn erhoben hat. Er hat den Stab in der Hand, wie Gott ihm aufgetragen hat. Besonders in Gesicht und Brustpartie ist etwas von dem Goldgelb der die Herrlichkeit Gottes andeutenden Sonne zu finden. Strahlen der Gottbegegnung und des Gotterfülltseins gehen von seinem Kopf aus, zusätzlich durch eine gestrichelte Gloriole betont. In den dunkleren, auf violett zugehenden Farbtönen seines Gewandes, das wir auch in der unterhalb knienden Frau finden, klingt etwas von dem Zweifel an, der sich, beeinflußt von dem mit seinem Gott hadernden Volk, auch des Mose ein wenig bemächtigt hatte: »Mose sagte zu ihnen: Hört, ihr Meuterer, können wir euch wohl aus diesem Felsen Wasser fließen lassen? Dann hob er seine Hand hoch und schlug mit seinem Stab zweimal auf den Felsen« (Num 20,10).

Das Wunder hat sich ereignet, wie die Lithographie zu erkennen gibt: »Da kam Wasser heraus, viel Wasser, und die Gemeinde und das Vieh konnten trinken« (Ex 20,11). Mose weist mit dem rechten Arm nach oben auf den Felsen hin, dem das Wasser entströmt. Sein Gesicht ist dem Volk zugewandt, als wolle er sagen: Fragt ihr jetzt immer noch: »Ist der Herr in unserer Mitte oder nicht?« (Ex 17,7). Dem erhobenen rechten Arm des Mose hat der Künstler eine linke Hand gegeben. Darin steckt die Aussage, daß nicht Mose das Wunder gewirkt, sondern Gott, der Herr, durch Mose. Im Danklied nach der Errettung aus dem Schilfmeer singt Mose: »Deine Rechte, Herr, ist herrlich an Stärke, deine Rechte, Herr, zerschmettert den Feind« (Ex 15,6). Die »Rechte« ist Gott vorbehalten. Die »Rechte des Herrn« hat auch dieses Wunder »Wasser aus dem Felsen« vollbracht.

Das Volk sieht das strömende Wasser. Mensch und Tier stürzen sich geradezu darauf, und wenn auf allen Vieren kriechend. Sie drängen zu dem belebenden, erfrischenden Naß. Hoffnung gewinnt wieder Raum, wie der Grünton in den Gewändern vieler in der Menschenmenge am rechten Bildrand anklingen läßt. Staunen spricht aus den Gesichtern. Und da ist im Vordergrund eine Frau, deren Kleid im Oberteil grün, im Rock goldgelb gehalten ist. Auch sie weist mit dem rechten Arm in Richtung zu dem wasserspendenden Felsen hin, und auch sie hat aus gleichem Grund wie Mose eine linke Hand am rechten Arm.

Ein milder, goldgelber Schein, ausgehend von der Sonne der Herrlichkeit Gottes, ergießt sich über den ihr zunächst stehenden, hinteren Teil der Gruppe, fließt dann am rechten Bildrand herab, um sich in einem Bogen auf den Wasserlauf hin zu ergießen. Trotz allem Hadern und Murren umfängt Gottes Liebe und Heiligkeit sein »Eigentum«, sein auserwähltes, geliebtes Volk.

Bei einigen Tonkrügen zum Wasserschöpfen hat Marc Chagall Rot in die Öffnung eingebracht, das Rot des Blutes, wie in den beiden Sonnen. Vielleicht will der Künstler damit andeuten, daß das Volk in nicht mehr ferner Zeit mit einem anderen Naß beschenkt wird, wenn Mose es zum Zeichen des Bundesschlusses mit dem Blut der Opfertiere besprengt.

Auch das aus dem Felsen quellende Wasser selbst ist der Beachtung wert. In Rot-, Blau-, Grün-, Schwarztönen und Mischfarben ist es gemalt, vorwiegend mit Strichen, nicht flächenhaft. Es wirkt zerfasert, strähnig. Zum einen weist das darauf hin, daß es besonderes, gottgewirktes Wasser inmitten der Wüste ist. Zum andern kündet es wohl auch in seinem strähnigen, wirren Fluß etwas von der Situation des Volkes, von Uneinigkeit, Hader, Streit mit Gott, denn Gott gibt dem Wasser – im Buch Exodus sogar dem ganzen Ort – den Namen: »Das ist das Wasser von Meriba (Streitwasser), weil die Israeliten mit dem Herrn gestritten haben und er sich als der Heilige erwiesen hat« (Num 20,13).

Jahwe mein Feldzeichen

Kaum ist die Gefahr des Verdurstens gebannt, das Volk und seine Viehherden haben Wasser aus dem Felsen zu trinken, da bricht erneut eine Heimsuchung über das Volk herein. Kriegsgefahr! Ein Verband in der Wüste Sinai lebender, feindlicher Nomadenstämme bedroht das Gottesvolk. Wir lesen: »Als Amalek kam und in Refidim den Kampf mit Israel suchte ...« (Ex 17,8).

Was dann geschah, das hat Marc Chagall in einer seiner Lithographien zum Buch Exodus gemalt. Diese Lithographie läßt erkennen, was im gesamten Kunstschaffen von Chagall zu beobachten ist: der Künstler erzählt in seinen Bildern. Verschiedene Stationen und Situationen der biblischen Begebenheit sind in einem Bild miteinander verschmolzen.

Mose muß handeln, zum Schutz des Volkes dem Feind entgegentreten, kämpfen. Es geht um das Überleben! Der Grundton des Bildes ist in von Blutrot zu Gelb hin abgewandelten Rottönen gehalten. Krieg ist mit Blutvergießen verbunden. Die Atmosphäre des blutigen Geschehens teilt sich dem Beschauer mit.

Mose beauftragt seinen treuen Diener Josua: »Wähl uns Männer aus, und zieh in den Kampf gegen Amalek!« (Ex 17,9a). Mose, die beherrschende Gestalt im Bild, übergroß dargestellt, streckt seine Hände aus über dem in der linken unteren Bildecke gemalten Josua. Dieser ist bekleidet mit einer in Grün- mit Blautönen gehaltenen Rüstung, ähnlich einem Kettenhemd. Es ist, als sei er niedergekniet. Sein Gesichtsausdruck wirkt in sich gekehrt. Die Augen scheinen in Andacht geschlossen. Die Arme sind gekreuzt. Die linke Hand liegt auf der Brust. Mit der rechten Hand hält er das Schwert, von dem nur der Knauf sichtbar ist. Nicht ohne Grund! Mose und Josua sind sich bewußt, daß nicht das Schwert den Kampf gewinnen wird. Gott wird den Ausgang des Krieges entscheiden. Deshalb beugt Josua sich unter die rechte, in göttliches Licht getauchte, segnende und zugleich beauftragende Hand des Mose, die sich wie ein schützendes Dach über ihn wölbt. Göttliches Licht fließt durch die von oben kommenden Strahlen in das Gesicht des Mose ein und von dort in die Hände, um dann überzuspringen auf Josua in Gesicht, Brust und Hände.

Im gleichen Atemzug mit der Beauftragung, in demselben Vers fährt Mose fort: »Ich selbst werde mich morgen auf den Gipfel des Berges stellen und den Gottesstab mitnehmen« (Ex 17,9b). Jetzt berichten Bibel und Lithographie das weitere Geschehen: »Josua tat, was ihm Mose aufgetragen hatte, und kämpfte gegen Amalek, während Mose, Aaron und Hur auf den Gipfel des Hügels stiegen« (Ex 17,10). Das Blutrot im Gewand des Mose und die abgestuften Rottöne im Bildgrund kommen jetzt erst voll zur Wirkung, mehr noch als in der Stunde der Berufung. Der Kampf ist im Gang. Blutvergießen, Bluten und Verbluten durchströmen und beherrschen farblich das Bild.

Auf die Darstellung von Aaron und Hur hat der Künstler in seiner Lithographie verzichtet, um damit um so mehr das Gewicht auf die Hauptakteure zu legen, auf Mose und Josua. Und auch hier liegt – wie der Bericht der Bibel bestätigt – schon von der Größe her die Priorität offensichtlich bei Mose.

»Solange Mose seine Hand erhoben hielt, war Israel stärker. Sooft er aber seine Hand sin-

ken ließ, war Amalek stärker« (Ex 17,11). Die von blutroten Ärmeln bedeckten, ausgestreckten Arme des Mose dienen somit nicht nur der Segnung und Beauftragung des Josua. Sie sind zugleich die vom Berg aus über das Schlachtgetümmel ausgebreiteten Hände des Mose. Sie gehen über Josua hinaus, der als Heerführer Israels zugleich Symbolfigur für den Kampf mit Amalek ist. Das Gesicht des Mose ist deshalb auch nicht auf Josua gerichtet, sondern sein Blick geht in andere Richtung und in die Ferne. Der Schrecken, der Mose ins Gesicht geschrieben steht, die weit aufgerissenen Augen, die Furchtbares mitansehen müssen, lassen erahnen, was er schaut: das Grauen blutigen Krieges.
»Als dem Mose die Hände schwer wurden, holten sie einen Steinbrocken, schoben ihn unter Mose, und er setzte sich darauf. Aaron und Hur stützten seine Arme, der eine rechts, der andere links, so daß seine Hände erhoben blieben, bis die Sonne unterging« (Ex 17,12). Marc Chagall verzichtet auch hier aus den erwähnten Gründen im Bild auf Aaron, Hur und auf den Stein. Wichtig ist nur eines, daß »seine Hände erhoben blieben, bis die Sonne unterging«. Die »erhobenen Hände« und die im Untergehen blutrot sich verfärbende Sonne in der linken oberen Bildecke veranschaulichen die Schrift.
Die Hände von Mose verdienen unsere Beachtung. Die rechte, von göttlichem Licht durchströmte, nach unten geöffnete Hand strahlt den Segen ab, den Gott – ähnlich elektrischem Strom – durch Mose leitet. Die linke Hand, nach oben geöffnet, schöpft gleichsam den Segen Gottes. Mose muß zunächst den Segen Gottes empfangen, um ihn dann Josua und den kämpfenden Israeliten vermitteln zu können. Und dennoch verzichtet Gott nicht auf das Mittun des Mittlers Mose bis zu dessen Erschöpfung in schmerzlicher Ermüdung der durch viele Stunden zum Segen erhobenen Arme und Hände. Gott nimmt den Menschen sehr ernst, erwartet von ihm den vollen Einsatz letzter Kraft.
»So besiegte Josua mit scharfem Schwert Amalek und sein Heer« (Ex 17,13). Zur Zeit der untergehenden Sonne ist der Kampf beendet, der Sieg erfochten. Doch wird jetzt nicht Josua gefeiert und auch Mose wird kein Denkmal gesetzt. Ganz anderes geschieht: »Mose baute einen Altar und gab ihm den Namen Jahwe mein Feldzeichen« (Ex 17,15). Wie sich Kämpfende um ihr Feldzeichen, ihre Standarte oder Fahne scharten, so haben sich Mose und Josua, die kämpfenden Israeliten und das Volk um Jahwe, den Gott der Väter, geschart, und wieder einmal erwies es sich, daß der Herr mit ihnen, in ihrer Mitte ist, wenn Israel seinem Gott vertraut.
Nicht Josua, nicht Mose, noch beide zusammen, haben den Sieg erstritten. So zeigt denn auch in der Lithographie – neben dem Rot in Mose und in dem gesamten Bildbereich – das den Bildgrund durchwebende Goldgelb des göttlichen Lichtes an: Nicht so sehr das Schwert bewahrte das Volk vor der Vernichtung, sondern der Herr führte den Kampf der Israeliten zu siegreichem Ende.

Gottes Bundesangebot am Sinai

Der Exodus geht weiter. Das Volk ist noch längst nicht am Ziel. Auf dieses »Unterwegs« weist das in Rot gemalte Tragtier in der linken unteren Bildecke hin: ein Esel und darauf reitend Mutter und Kind. Seine Bedeutung als Bildelement ist allerdings damit noch nicht erschöpft. Es geht um eine weitere Station auf dem Wüstenzug: »Im dritten Monat nach dem Auszug der Israeliten ... kamen sie in der Wüste Sinai an. Sie waren von Refidim aufgebrochen und kamen in die Wüste Sinai. Sie schlugen in der Wüste das Lager auf. Dort lagerte Israel gegenüber dem Berg« (Ex 19,1.2).

Hier ergeht an den Mittler Gottes Bundesangebot: »Mose stieg zu Gott hinauf. Da rief ihm der Herr vom Berg her zu: Das sollst du dem Haus Jakob sagen und den Israeliten verkünden: Ihr habt gesehen, was ich den Ägyptern angetan habe, wie ich euch auf Adlersflügeln getragen und hierher zu mir gebracht habe. Jetzt aber, wenn ihr auf meine Stimme hört und meinen Bund haltet, werdet ihr unter allen Völkern mein besonderes Eigentum sein. Mir gehört die ganze Erde, ihr aber sollt mir als ein Reich von Priestern und als ein heiliges Volk gehören. Das sind die Worte, die du den Israeliten mitteilen sollst« (Ex 19,3–6).

Das Volk wird Zeuge der Gottesoffenbarung und des Bundesangebotes sein. »Am dritten Tag, im Morgengrauen, begann es zu donnern und zu blitzen. Schwere Wolken lagen über dem Berg, und gewaltiger Hörnerschall erklang. Das ganze Volk im Lager begann zu zittern. Mose führte es aus dem Lager hinaus Gott entgegen. Unten am Berg blieben sie stehen. Der ganze Sinai war in Rauch gehüllt, denn der Herr war im Feuer auf ihn herabgestiegen. Der Rauch stieg vom Berg auf wie Rauch aus einem Schmelzofen. Der ganze Berg bebte gewaltig, und der Hörnerschall wurde immer lauter« (Ex 19,16–19a). – Dunkle, schwere Wolken und der rauchende Berg bestimmen den Bildgrund der Lithographie, oberhalb, zur rechten und zur linken von Mose. Der gewaltige Hörnerschall ist angedeutet in dem das Widderhorn, das Schofar, blasenden Engel der rechten oberen Bildecke. Der im Feuer auf den Berg herabgestiegene Herr wird sichtbar im Zeichen des von Feuer umloderten, fünfarmigen Sabbatleuchters, seinen brennenden Kerzen, in der Mittelachse, nahe dem oberen Bildrand.

»Der Herr war auf den Sinai, auf den Gipfel des Berges herabgestiegen. Er hatte Mose zu sich auf den Gipfel des Berges gerufen, und Mose war hinaufgestiegen« (Ex 19,20). – So sehen wir Mose, mehr liegend als stehend, mit aufgerichtetem Oberkörper. Sein Gewand ist in die Farbe weißen Rauches getaucht. Die waagrecht ausgestreckten, vom rauchigen Gewand umhüllten Beine und Füße erfüllen im Bild denn auch die Aufgabe, die undurchdringliche Rauch- und Wolkenschicht anzudeuten, die das Volk am Fuß des Berges jeglicher Sicht des Berggipfels und des dortigen Geschehens beraubt.

Gleichsam auf seinem Schoß ruhend, umfassen die Hände des Mose die Tafeln des Bundes, Zeichen für die Zehn Worte und das Bundesbuch, die der Herr auf dem Berg Mose offenbart. Er, der Mittler des Volkes, muß zunächst selbst die Weisung Gottes entgegennehmen, umfangen. Doch empfängt er sie nicht für sich allein, sondern zum Weitergeben. Deshalb hält Mose die Tafeln, als wolle er sie dem Volk zeigen, das freilich, am Fuß des Berges unter der Wolkendecke versammelt, sie nicht sehen kann, und deshalb auch nicht zu ihnen auf-

schaut. Das Gesicht des Mose reflektiert in der dem Leuchter zugewandten Gesichtshälfte und den Strahlen das Goldgelb des göttlichen Lichtes. Die andere Gesichtshälfte ist in Grün mit ein wenig Blau, den Farben der Hoffnung und des Himmels gemalt. Mose schaut nicht auf die Tafeln, sondern nach unten auf das Volk, dem die Weisung Gottes gilt. Daß die Botschaft von Mose weitergegeben werden muß, deuten auch Gesicht und Hand einer von den Tafeln zum rechten Bildrand fliegenden, durch das Gefieder des blauen Vogels verdeckten Gestalt an. Immer wieder wird ja auch Mose in verschiedenen Redewendungen bedeutet: »Das sollst du dem Haus Jakob sagen und den Israeliten verkünden« (Ex 19,3).

Darf auch das Volk den Berg nicht betreten, soll außer Mose doch noch ein anderer anwesend sein: »Doch der Herr sprach zu ihm: Geh hinunter, und komm zusammen mit Aaron wieder herauf!« (Ex 19,24). So sehen wir Aaron, oberhalb von Mose, in violettem Gewand, durch den Priesterturban ausgewiesen. Er ist dem Leuchter zugeordnet, weil er als der kommende Hohepriester in besonderer Weise dem Heiligtum und dem Kult dienen wird. Der Blick von Aaron ist auf den Mittler Mose gerichtet, dem er zur Seite gegeben ist. Sein übergroßer, rechter Arm hat eine linke Hand, mit der er auf den Leuchter hinweist, auf den Herrn, dessen »Rechte herrlich an Stärke ist« (Ex 15,6). Wie Mose auf die Bundestafeln, so weist Aaron auf den Leuchter als Symbol für das Heiligtum und den Kult hin.

Gott will seinerseits mit seinem Bundespartner, dem Volk, sein, »wie ich euch auf Adlersflügeln getragen und hierher zu mir gebracht habe« (Ex 19,4). Marc Chagall hat ein verwandtes, anderes Symbol gewählt, das Tier in der linken unteren Bildecke. Das Rot in ihm läßt in gleicher Weise an die Liebe denken, in der der Herr seinem Volk zugetan ist, wie auch an den später im Blut der Opfertiere geschlossenen Bund. Wie die Mutter ihr Kind und das Tragtier beide trägt, so trägt Gott sein Volk, das sein »besonderes Eigentum« ist (Ex 19,5).

Doch der Bund bringt dem Volk nicht nur die Zuwendung Gottes, sondern auch Erwartungen an das Volk mit sich: »Wenn ihr auf meine Stimme hört und meinen Bund haltet ...« (Ex 19,5). Der sein Volk liebende Gott erwartet die Antwort der Gegenliebe. Im Buch Deuteronomium ist das Hören und Befolgen der Zehn Worte, des Bundesbuches und aller Weisungen Gottes, in der Grundforderung zusammengefaßt: »Höre Israel! Jahwe, unser Gott, Jahwe ist einzig. Darum sollst du den Herrn, deinen Gott, lieben mit ganzem Herzen, mit ganzer Seele und mit ganzer Kraft« (Dtn 6,4.5). Diesen Ruf zur Gegenliebe hat Marc Chagall ins Bild gesetzt. Rechts von den Bundestafeln finden wir drei Tiere: Wir sehen einen großen, grünen Fisch, der sich gleichsam der Tafel anschmiegt. Er ist – ob seiner unseren Augen verborgenen Lebensweise im Wasser – Symbol für die Seele, für das »mit ganzer Seele«. Da ist weiterhin ein rot gemalter Vogel, höher stehend als der blaue. Er ist Zeichen für die höchste Kraft der Seele, die Liebe, für das »mit ganzem Herzen«. Und der blaue Vogel unterhalb illustriert jene andere Kraft der Seele, den Verstand, mit dem der Mensch Himmlisches zu erkennen, Gottes Wort aufzunehmen vermag. Liebe und Verstand sind Kräfte der Seele, deshalb von dem Fisch umfangen. Gegenliebe erwartet Gott nicht nur von den am Fuß des Sinai versammelten Männern, Frauen und Kindern, sondern von allen Generationen: »Diese Worte, auf die ich dich heute verpflichte, sollen auf deinem Herzen geschrieben stehen. Du sollst sie deinen Söhnen wiederholen ...« (Dtn 6,6.7).

Unter dem Eindruck des Geschehens auf dem Gipfel ist das Volk am Fuß des Berges zutiefst ergriffen. Die in verschiedenen Farben gemalten Männer, Frauen und Kinder sammeln sich in einer in Rotton, der Farbe der Liebe, gemalten Gestalt in der Mitte. Sie sind offen für das Bundesangebot Gottes, für das in dem Schofar, das ein Mann zur Rechten bläst, versinnbildete Heil. Ihre innere Bereitschaft artikuliert sich in den Worten, die sie später sprechen: »Alles, was der Herr gesagt hat, wollen wir tun; wir wollen gehorchen« (Ex 24,7).

Aaron und der siebenarmige Leuchter

Zweimal ist im Buch Exodus ausführlich von Heiligtum und Kult, Priestertum und Kultgeräten die Rede. Zuerst geht es um die Anordnung Gottes in sieben Kapiteln (Ex 25,1–31,7); später um die Ausführung in weiteren sechs Kapiteln (Ex 35,1–40,38). Entsprechend finden wir im Zyklus von Marc Chagall zwei Lithographien, die dieses Thema aufgreifen; zunächst in dem ersten Blatt »Aaron und der siebenarmige Leuchter«.
Von den Größenverhältnissen im Bild her muß die Beschreibung mit dem siebenarmigen Leuchter beginnen. Auf bis ins einzelne gehende Anweisung Gottes soll er kunstvoll in purem Gold aus einem Stück getrieben werden: siebenarmig mit mandelblütenförmigen Kelchen, Knospen und Blüten (vgl. Ex 25,31–37a). Der Leuchter ist nicht ganz sichtbar, denn er ist nicht um seiner selbst willen im Bild. Sein Platz ist auch nicht im Allerheiligsten, sondern davor, vor dem Vorhang. Er soll Zeichen sein, auf die Gegenwart Gottes im Allerheiligsten des heiligen Zeltes hinweisen. Marc Chagall hat ihn malerisch nicht voll ausgestaltet, um anzudeuten: Letztlich geht es nicht um den Leuchter, sondern um das, was er anzeigt. Zeichen besitzen immer eine untergeordnete Aufgabe gegenüber dem, was sie bezeichnen.
Da der Leuchter aber die Nähe des großen Gottes anzeigt, muß schon das Zeichen von der Größe der Darstellung her entsprechend machtvoll sein. Er nimmt den größten Raum im Bild ein. Nicht nur die kleinen Flammen auf den Kerzen, auch der goldgelbe Schein, der den Bildgrund im Bereich der sieben Arme bestimmt, lassen die in göttliches Licht getauchte Herrlichkeit Gottes erahnen, den Herrn, von dem der Psalmist singt: »Du hüllst dich in Licht wie ein Kleid« (Ps 104,2). Der Hauch des Heiligen durchwaltet das Bild.
Jetzt erst können wir Aaron betrachten. Seine Gestalt schwingt in die des Leuchters ein, schmiegt sich dem Leuchter an. Nicht der Leuchter dient Aaron, sondern Aaron dient dem Leuchter, dem durch den Leuchter Bezeichneten. Aaron steht im Dienst Gottes, im Dienst des Heiligtums. Das wird auch in der Farbgebung deutlich. Göttliches Licht ergießt sich vom Leuchter auf Aaron, über sein Gesicht, seine Gewandung, in seine Hände. Aaron hat sich sein Priesteramt nicht gewählt. Gott hat ihn und sein Geschlecht zu Priestern auserwählt: »Laß aus der Mitte der Israeliten deinen Bruder Aaron und mit ihm auch seine Söhne kommen, damit sie mir als Priester dienen, Aaron mit Nadab, Abihu, Eleasar und Itamar, den Söhnen Aarons« (Ex 28,1). Es geht nicht um einen Beruf, der ergriffen werden kann. Es geht um Berufung von Gott.
Dieser besonderen Berufung soll die priesterliche Bekleidung entsprechen. Mose erhält die Anweisung: »Laß für deinen Bruder Aaron heilige Gewänder anfertigen, die ihm zur Ehre und zum Schmuck gereichen« (Ex 28,2). Wir sehen Aaron im Bild in jener Priesterkleidung, wie der Herr sie Mose beschreibt: »Das sind die Gewänder, die sie anfertigen sollen: Lostasche, Efod, Obergewand, Leibrock aus gewirktem Stoff, Turban und Gürtel ... Sie sollen dazu Gold, violetten und roten Purpur, Karmesin und Byssus verwenden« (Ex 28,4a.5). Und zur Begründung dieser kostbaren Gewandung sagt der Herr: »Sie sollen also für deinen Bruder Aaron und für seine Söhne heilige Gewänder anfertigen, damit er mir als Priester dient« (Ex 28,4). Diese Gewänder tragen zu dürfen, setzt die Weihe zum priesterlichen

Dienst voraus, wie dies eingehend beschrieben ist: »Dann bekleide damit deinen Bruder Aaron und zusammen mit ihm auch seine Söhne, und salbe sie, setze sie ins Priesteramt ein, und weihe sie, damit sie mir als Priester dienen« (Ex 28,41). »Nimm Salböl, gieß es auf sein Haupt und salb ihn!« (Ex 29,7). Aaron weist mit der rechten Hand auf den Leuchter, Symbol für den heiligen Gott, dem Priestertum, Heiligtum und Kult geweiht sind. Die Hand zeigt auch auf ein kleines Gefäß vor dem Fuß des Leuchters hin. Es dürfte das Salböl enthalten, mit dem Aaron, aber auch der Leuchter (vgl. Ex 30,27) gesalbt werden.

Aaron wird zum Priester geweiht, empfängt das Priesteramt von Gott. Wie eine Frau ihr Kind empfängt, so geht es auch im Priestertum um ein Empfangen. Das mag denn wohl auch der Grund sein, warum Marc Chagall rechts vom Gesicht des Aaron am Bildrand einen Frauenkopf eingezeichnet hat, und ebenso in der Diagonale am unteren linken Bildrand, über dem Fuß des Leuchters, eine zweite Frauengestalt. Priestertum, Leuchter und alle kultischen Anordnungen hat Mose nicht erfunden, sondern von Gott empfangen. Priestertum, Heiligtum und Kult sind somit von Empfängnis geprägt. Und das wird deutlich in der Frau als Symbol der Empfängnis, in den zwei Frauen vom Künstler noch zusätzlich gesteigert. Es geht hier um ein Empfangen in geistlich-geistigem Sinn. Dennoch, die Empfängnis der Frau wie die zum Priestertum, beide stehen im Dienst gottgegebenen Lebens. Aber auch das könnte Marc Chagall zur Aufnahme der beiden Frauen in das Bild bewogen haben: Ohne seine Frau wäre es nicht zu priesterlichen Söhnen von Aaron gekommen. Ohne Mütter gibt es keine Priestergeschlechter.

Das Haupt Aarons ist gleichsam unter der Last des priesterlichen Turbans geneigt. Aber es ist nicht der Kopfschmuck, sondern der hohe Anspruch, den Gott an ihn stellt. Denn der Herr verfügt: »Mach eine Rosette aus purem Gold und bring darauf nach Art der Siegelgravierung die Inschrift an: Heilig dem Herrn. Befestige die Rosette an einer Schnur aus violettem Purpur und bring sie am Turban an; sie soll an der Vorderseite des Turbans angebracht werden« (Ex 28,37). Der Anspruch Gottes an Aaron, »heilig dem Herrn« zu sein, wie seine Verantwortung für Heiligtum und Kult, sind seinen Gesichtszügen eingeprägt. Sein in sich gekehrter, durchgeistiger Blick geht zugleich in die Ferne zu dem hin, der ihn berufen hat. Diesen Blick in die Ferne habe ich bei Marc Chagall mehrmals erlebt.

An dem linken Arm sehen wir in seltsam verdrehter Haltung eine zweite rechte Hand. Wie die Hand am rechten Arm von sich weg auf Leuchter und Salbgefäß hinweist, so deutet die rechte Hand am linken Arm nach hinten, zurück auf den geheimnisvollen, unsichtbaren Gott, dem Aaron als Priester in besonderer Weise verbunden und verpflichtet ist.

Im Allerheiligsten des heiligen Zeltes, der »Wohnstätte«, die nur vom Hohenpriester am Versöhnungstag betreten werden darf, steht die Bundeslade, deren Fertigung und Maße ebenso von Gott festgelegt sind. Sie barg das Allerheiligste in sich: die Tafeln des Bundes. Der Herr sagte zu Mose: »In die Lade sollst du die Bundesurkunde legen, die ich dir gebe« (Ex 25,16). Im Allerheiligsten, den Bundestafeln, verdichtet sich Gottes Gegenwart am meisten. Da ihnen die Sorge und der Dienst besonders des Hohenpriesters gilt, dürfen die Tafeln im Bild nicht fehlen. An einer Kette befestigt, trägt Aaron im Bild die Tafeln des Bundes an Stelle der Lostasche auf der Brust. So wird neben dem Leuchter auch in den Bundestafeln der heilige Gott bezeichnet, dem Heiligtum, Priestertum und Kult geweiht sind, der zu Mose von sich sagt: »Ich werde mich dort den Israeliten offenbaren und mich in meiner Herrlichkeit als heilig erweisen. Ich werde das Offenbarungszelt, den Altar, Aaron und seine Söhne heiligen und für meinen Dienst weihen. Ich werde mitten unter den Israeliten wohnen und ihnen Gott sein. Sie sollen erkennen, daß ich der Herr, ihr Gott bin, der sie aus Ägypten herausgeführt hat, um in ihrer Mitte zu wohnen, ich der Herr, ihr Gott« (Ex 29,43–46).

Mose empfängt die Tafeln des Bundes

Das Buch Exodus berichtet: »Nachdem der Herr zu Mose auf dem Berg Sinai alles gesagt hatte, übergab er ihm die beiden Tafeln der Bundesurkunde, steinerne Tafeln, die der Finger Gottes beschrieben hatte« (Ex 31,18). – Diese Situation auf dem Wüstenzug schaut und gestaltet Marc Chagall in seiner Lithographie: Mose empfängt die Tafeln des Bundes.
Da ist niemand, der die Tafeln reicht – auch nicht die Gestalten darüber! So lassen sich steinerne Tafeln nicht halten! Die Bibel sagt: »Der Herr übergab ihm die beiden Tafeln«. Der Herr aber ist der unsichtbare Gott. Deshalb schweben diese Tafeln – oben gerundet, unten gerade – vom Himmel herab. Das sind auch nicht ebene Platten. Sie sind ein wenig eingeknickt, konkav gewölbt. Sie kommen von oben, vom Himmel, von Gott her und biegen dann ein in Richtung auf den Empfänger Mose zu. Die Tafeln, von unsichtbarer Kraft getragen – und weil von Gott beschriftet und seine Weisung kündend –, sind, von göttlichem Licht überflutet, in goldgelb-weißem Farbton gemalt. Die Schrift ist nur angedeutet. Im Hebräischen wird von rechts nach links geschrieben, beginnt das Buch mit der letzten Seite. So dürfte die Tafel mit den ersten drei Worten, welche die Bundesforderungen gegenüber Jahwe beinhalten (Ex 20,1–11), die rechte sein. Entsprechend ist diese mehr von göttlichem Licht überstrahlt. Auf der linken Tafel stehen das vierte bis zehnte Wort. In ihnen sind die zwischenmenschlichen Beziehungen geregelt (Ex 20,12–17).
Wir sehen unten im Bild einen Gipfel des Sinaigebirges, im Braunton der Erde gemalt, da und dort durch felsiges Blaugrau aufgehellt. Hier fand die Übergabe der Tafeln statt: »Der Herr sprach zu Mose: Komm herauf zu mir auf den Berg und bleib hier! Ich will dir die Steintafeln übergeben, die Weisungen und die Gebote, die ich aufgeschrieben habe« (Ex 24,2). Mose, die größte Gestalt im Bild, steht nicht auf der Erde. Er schwebt, mit dem linken Fuß sich vom Berg abdrückend, den Tafeln entgegen. Er hat die Tafeln noch nicht ergriffen. Die rechte Hand von Mose liegt nicht sichtbar hinter der rechten Tafel. Die andere legt sich behutsam auf die linke Tafel, sie ehrfürchtig berührend. Von den Tafeln springt göttliches Licht auf Gesicht und Hand des Mose über. Seine Augen sind gesenkt. Sie können das Licht nicht ertragen. Hier geschieht Gottbegegnung, wie das göttliche Licht, die Tafeln und die Strahlen andeuten. Auch der Schwebezustand kündet davon. Es ist, als sei Mose die Schwerkraft genommen. In seinem in gebrochenem Weiß bis hin zu Lindgrün gemalten Gewand spielt, Mose umwehend, der Wind. Marc Chagall malt Mose oft schwebend, wo Gott ihm begegnet. Dieses Schweben läßt fühlen, was im Gebet geschieht. Der Mensch verliert an Erdenschwere, wird im Gebet über sich hinaufgehoben, schwebt gleichsam Gott entgegen.
Zum Verständnis der weiteren Bildelemente müssen wir zu Exodus 24,15 zurückkehren: »Dann stieg Mose auf den Berg, und die Wolke bedeckte den Berg«. Mose schwebt in die den Berg umhüllende Wolke hinein. Und wir lesen weiter: »Die Herrlichkeit des Herrn ließ sich auf den Sinai nieder, und die Wolke bedeckte den Berg sechs Tage. Am siebten Tag rief der Herr mitten aus der Wolke Mose herbei« (Ex 24,16). Das göttliche Licht durchbricht die finstere Wolke, ergießt sich von den Tafeln über die Gestalt des Mose bis in die rechte untere Bildecke und teilt so das Bild in der Diagonale. Gottes Herrlichkeit läßt sich nieder.

Auch dem Volk am Fuß des Berges bleibt das Geschehen nicht verborgen: »Die Erscheinung der Herrlichkeit des Herrn auf dem Gipfel des Berges zeigte sich vor den Augen der Israeliten wie verzehrendes Feuer« (Ex 24,17). So finden wir auch im Volk hinter dem Berg den Widerschein des Lichts, dem solche Blendkraft zu eigen ist, daß ein Mann die Hand schützend vor sein Auge hält. Niemand aus der Gruppe wagt es nach oben in das Licht hineinzuschauen. Gesichter und Gesten spiegeln Betroffenheit. Es war »am siebten Tag«, wie der Sabbatleuchter am linken Bildrand kundtut.

Über den Tafeln schweben zwei Menschen, in Blau, der Farbe des Himmels – die sich auch im Hinterkopf des Mose wiederfindet – gemalt, auf die Bundestafeln zu, greifen nach ihnen. Von der linken Gestalt sind nur das männliche Profil des Kopfes, Arm und Hand sichtbar. Und von rechts kommend, etwas verdreht, schwebt eine zweite, mehr weibliche Züge tragende Gestalt hinzu. Das untere Gesicht schaut nach oben und die Hand dieser Gestalt liegt auf der Tafel mit den die Vertikale, die Beziehung zu Gott bestimmenden Worten. Das andere Gesicht schaut nach unten, und die dazugehörige Hand weist auf die Mitte, wo die beiden Tafeln aneinanderstoßen, denn die zwischenmenschlichen, die Horizontale regelnden Gebote erhalten ihre Tragfähigkeit von der Vertikalen, der Zuwendung des Menschen zu Gott her. Das Himmelblau in beiden Gestalten ist Hinweis, daß sich mit den Zehn Worten und ihrer Befolgung Himmel auf die Erde senkt. Der Stierkopf oberhalb der beiden dürfte – wie in anderen Bildern – ein Synonym für den Künstler selbst sein, der sich zu den Zehn Worten bekennt und zugleich betont, daß es hier nicht um realistische Wiedergabe des Geschehens geht, sondern so, wie er es in sich geschaut hat: »Ich habe die Bibel geträumt«. In supranaturaler Malweise erhellt Marc Chagall das Geheimnis des Geschehens.

In der vom Dunkel in Grün bis zu Blau und Rot übergehenden Wolke, rechts von Mose, erblicken wir einen in frohmachenden Farben erblühten Baum, der die Fruchtbarkeit der Zehn Worte anzeigt, und zugleich die des Menschen, der sie beachtet: »Er ist wie ein Baum, der an Wasserbächen gepflanzt ist, der zur rechten Zeit seine Frucht bringt und dessen Blätter nicht welken« (Ps 1,3). Daß solches Fruchtbarwerden nicht nur dem Mann möglich ist, sondern ebenso der Frau, das dürfte die mit den Blättern der Baumkrone verbundene Mondsichel rechts oben zart andeuten. Der Baum ist ob seiner Fruchtbarkeit ohnehin Symbol des Weiblichen. Dem Männlichen in der linken oberen Bildecke hat der Künstler das Weibliche in Symbolen, in Baum und Mondsichel, gegenübergestellt.

Die Zehn Worte sind gegeben, den Menschen zu tragen, wie die Mutter ihr Kind und das Reittier die beiden trägt. Das sagt uns das Symbol im Hintergrund der Gruppe.

In der Mitte des oberen Bildrandes befindet sich ein kleiner Vogel, der in den Farben der Tafeln, Goldgelb und Weiß, gemalt ist. Der Vogel ist Sinnbild für die Kraft des Verstandes, der sich zu Gott aufschwingen, das im Bild gestaltete Geheimnis zu erahnen vermag, vorausgesetzt, daß dieses Denken von Gott erleuchtet ist.

Vierzig Tage und Nächte hatte Mose mit Gott auf dem Berg verbracht (vgl. Ex 24,18). »Nachdem der Herr zu Mose auf dem Berg Sinai alles gesagt hatte, übergab er ihm die beiden Tafeln der Bundesurkunde, steinerne Tafeln, auf die der Finger Gottes geschrieben hatte« (Ex 31,18).

Tanz um das Goldene Kalb

Kaum hatte der Herr die Tafeln des Bundes Mose übergeben. Noch weilt Mose auf dem Berg bei Gott. Nur vierzig Tage sind vergangen seit dem Bundesschluß mit dem Versprechen des Volkes: »Alles, was der Herr gesagt hat, wollen wir tun; wir wollen gehorchen« (Ex 24,7). Schon ist der Bund gebrochen, sind das erste bis dritte der Zehn Worte mißachtet: »Ich bin Jahwe, dein Gott, der dich aus Ägypten geführt hat, aus dem Sklavenhaus. Du sollst neben mir keine anderen Götter haben. Du sollst dir kein Gottesbild machen... Du sollst dich nicht vor anderen Göttern niederwerfen und dich nicht verpflichten, ihnen zu dienen« (Ex 20,3–5).

Wie kam es so schnell zu so großer Schuld? »Als das Volk sah, daß Mose noch immer nicht vom Berg herabkam, versammelte es sich um Aaron und sagte zu ihm: Komm, mach uns Götter, die vor uns herziehen. Denn dieser Mose, der Mann, der uns aus Ägypten heraufgebracht hat – wir wissen nicht, was mit ihm geschehen ist« (Ex 32,1). Aaron ist nachgiebig. Aus Goldschmuck wird ein Kalb gegossen. Nicht mehr dem unsichtbaren Gott, der sich in gewaltigen Zeichen geoffenbart hat, will das Volk sich anvertrauen, nicht mehr von der Wolkensäule sich führen lassen, sondern ein von Menschenhand geschaffenes Götzenbild soll ihm künftig Führer sein.

Alles Weitere ersehen wir aus der Lithographie, wobei es dem Künstler nicht so sehr auf das Vordergründige als vielmehr auf das Hintergründige dieses Geschehens ankommt.

Den Bildgrund bilden abgestufte Brauntöne, die im unteren Bereich des Blattes sich über die gesamte Bildbreite erstrecken, in der Mitte des oberen Bereichs dann – ähnlich einer lodernden Flamme – emporzüngeln. Damit ist dem Bild eine düstere, erdhafte Atmosphäre gegeben entsprechend dem Verfallensein des Volkes an das Irdische.

Ein Bogen wölbt sich wie eine Kuppel über dem Volk vom linken bis zum rechten Bildrand. Das verstärkt den Eindruck innerweltlichen Verfangenseins. Die Sicht nach oben ist verloren, der Blick zum Himmel genommen. Das Volk sitzt in einem selbst geschaffenen Käfig. Nur noch stoffliche Welt und nichts darüber hinaus!

Leblose Materie verdichtet sich inmitten des Bildes in einem Steinblock. Erdenschwere und Härte sind alles, was er aufzuweisen hat. Als Sockel soll er dienen, um zu erhöhen, was sich selbst nicht erhöhen kann, weil ebenso leblos wie der Stein, auf den man es gestellt hat: das Goldene Kalb.

Gegossen aus geschmolzenen goldenen Ohrringen, steht es ungelenk, steif auf dem oben abgeflachten Stein. Marc Chagall hat dem Goldenen Kalb einen Gesichtsausdruck gegeben, als komme es sich selbst höchst sonderbar vor, als sei es fassungslos über die ihm zugedachte Rolle, über so viel Torheit von Menschen, die anbeten, was sie selbst geschaffen, was nur Materie ist. Zum Sichbewegen fehlen ihm Lebendigkeit und Platz. So kann es nur – wie aufgestellt – unbeweglich dastehen, Standbild sein. Und dieses Goldene Kalb wird umtanzt. Welch innerer Widerspruch! Tanz als Ausdruck von Lebendigkeit und Freude wird hier mißbraucht zur Vergötzung eines leblosen, bewegungsunfähigen, völlig teilnahmslos dreinschauenden Kalbs.

Die umtanzte, tote Materie greift auf die Tanzenden im Bild über. Es ist kein Tanzen aus Freude an Bewegung. Der Tanz der Männer und Frauen um das Goldene Kalb ist unnatürlich, gekünstelt, grotesk. Daran ändern auch die drei Tamburine nichts. Die Gesichter und tanzenden Leiber wirken wie versteinert, zeigen äußerlich an, was im Innern geschehen ist: unfaßbare Verhärtung, Versteinerung der Herzen.
Es ist kultischer, der Gottesverehrung dienender Tanz. Rechts unten deutet ein blaugewandeter Mann in fast kniender Haltung mit einer linken Hand am rechten Arm hin auf Sockel und Kalb, pantomimisch zum Ausdruck bringend: »Das sind deine Götter, Israel, die dich aus Ägypten heraufgeführt haben!« (Ex 32,4b).
Oberhalb des Goldenen Kalbs sehen wir zwei Wortführer, tanzend und erstarrt zugleich, mit hochgereckten Armen: der grün Gewandete in trügerischer Hoffnung auf das Götzenbild vertrauend. Der andere ist in demselben Gelbton wie das Kalb gemalt, das er abgöttisch verehrt. Fanatismus prägt die Mienen. Ihre Augen scheinen erloschen, blind. Verblendet sind sie, mit Blindheit geschlagen. Auch der Blick anderer im Bild wirkt seelenlos, leer. Wie könnten sie auch sonst von dem Goldenen Kalb wähnen, es habe sie aus Ägypten heraufgeführt! Sichtbare Materie haben sie zu ihrem Gott erhoben. Und dieses Verlangen nach Sichtbarkeit hat sie für das Unsichtbare blind gemacht.
Die beiden Wortführer suchen mit ihrem Hochgeschrei das Volk mitzureißen, wie Gestik und der umfinsterte Mund kundtun. Sie heizen an, schüren Massenhysterie, die sich um das Götzenbild herum epidemisch ausgebreitet hat. Den Männern und Frauen, die das Kalb umtanzen, ist der Kopf verdreht; nicht nur dem in der Bildmitte ganz unten, den Marc Chagall mit auf dem Rumpf waagrecht liegenden Kopf gemalt hat.
Und dann die Hände! Da finden wir Tanzende mit zwei rechten, verdrehten, verkehrt angewachsenen Händen. Eine in Anbetung eines von Menschenhand gefertigten Götzenbildes verdrehte Welt! Wie leicht und schnell sind Menschen zu verdrehen, zu verführen! Das Bild erweckt den Eindruck einer fanatisierten Menge, die einem Wahn folgt, in den sie sich tanzend hineinsteigert. Sie erkennt nicht mehr das Absurde, Unsinnige, Menschenunwürdige ihres frevelhaften Tuns, das sie selbst erniedrigt und entstellt.
Sogar Opfer sind dem Goldenen Kalb zugedacht: »Am folgenden Morgen standen sie zeitig auf, brachten Brandopfer dar und führten Tiere zum Heilsopfer herbei« (Ex 32,6). Tiere – außer dem Goldenen Kalb – in das Bild einzubringen, hat sich der Künstler versagt. Dazu sind sie ihm zu schade. Deshalb hat er sich auf etwas Rot von Opferblut in Kopf und Schulter des Götzenbilds beschränkt. Auch das hinter dem Kalb aufzüngelnde, erdhafte Braun weist auf Brandopfer hin, die aber in Sinnverkehrung geschaffener Materie – deshalb die braune Flamme – dargebracht sind.
Ein Tier finden wir allerdings doch noch, aber es ist nur ob seiner symbolischen Bedeutung im Bild. Es ist ein kleiner Fisch am rechten Bildrand, Zeichen für das Verborgene in uns, die Seele. Es ist ein armseliger, gleichsam getrockneter, toter Fisch, vielleicht um anzudeuten: im Abseits von Gott ist die Seele der Götzendiener verkümmert und krank.
Darüber – etwas weiter oben – ist ein Baum; besser das, was von ihm übriggeblieben ist. Es ist ein abgestorbener Stamm mit verdorrten Ästen ohne Zweige, Blätter, Blüten. Der abgestorbene Baum, das dürre Holz, ist in der Bibel Sinnbild für den Frevler. Die um das Goldene Kalb tanzen, gleichen dem vertrockneten Baum, entbehren jeder Fruchtbarkeit.
Und da sind rechts neben dem Sockel noch zwei gekreuzte Striche. Sie deuten an, was hier geschehen ist. Mit ihrem Götzendienst haben die Israeliten den Bund durchkreuzt, durchgestrichen, den der Herr mit ihnen geschlossen hat. Gott ist mit seinem Volk, aber das Volk nicht mehr mit seinem Gott.

Mose zerschmettert die Tafeln des Bundes

Mose, völlig in Anspruch genommen von der Gottbegegnung auf dem Berg, ahnte nicht, was am Fuß des Berges geschah. Gott selbst setzt ihn in Kenntnis: »Da sprach der Herr zu Mose: Geh, steig hinunter, denn das Volk, das du aus Ägypten heraufgeführt hast, läuft ins Verderben. Schnell sind sie von dem Weg abgewichen, den ich ihnen vorgeschrieben habe. Sie haben sich ein Kalb aus Metall gegossen und werfen sich vor ihm nieder. Sie bringen ihm Schlachtopfer dar und sagen: Das sind deine Götter, Israel, die dich aus Ägypten heraufgeführt haben« (Ex 32,7). Der unsichtbare Gott erscheint in dem in Rot gemalten »Engel Gottes« am oberen Bildrand.

Gott nimmt den Frevel des Volkes nicht hin: »Ich habe dieses Volk durchschaut: Ein störrisches Volk ist es. Jetzt laß mich, damit mein Zorn gegen sie entbrennt und sie verzehrt. Dich aber will ich zu einem großen Volk machen« (Ex 32,9.10). Der Künstler hat dem »Engel Gottes« das Gesicht eines jüdischen Rabbi gegeben, der voll Entrüstung und Grimm auf das treulose Volk herabschaut.

So sehr auch Mose von diesem zum Himmel schreienden Undank und Unglauben des Volkes erschüttert ist, fühlt er sich dennoch seinem Volk verbunden: »Da versuchte Mose, den Herrn, seinen Gott, zu besänftigen, und sagte: Warum, Herr, ist dein Zorn gegen dein Volk entbrannt? Du hast es doch mit großer Macht und starker Hand aus Ägypten herausgeführt« (Ex 32,11). Deshalb: »Laß ab von deinem glühenden Zorn, und laß dich das Böse reuen, das du deinem Volk antun wolltest« (Ex 32,12). Und dann der Hinweis: »Denk an deine Knechte, an Abraham, Isaak und Israel, denen du mit einem Eid bei deinem eigenen Namen zugesichert und gesagt hast: Ich will eure Nachkommen zahlreich machen wie die Sterne des Himmels...« (Ex 32,13a).

Gott nimmt Moses Fürsprache an: »Da ließ sich der Herr das Böse reuen, das er seinem Volk angedroht hatte« (Ex 32,14). Das wird deutlich in dem »Engel Gottes«. Er wirft das Bundesbuch, die Torarolle, nicht weg, sondern schließt sie in seine Arme, wie eine Mutter ihr Kind. Der Davidstern auf der Rolle läßt erkennen, daß diese für Israel steht. Das Rot, die Farbe des im Blut geschlossenen Bundes, in Engel und Torarolle macht kund: Gott steht auch weiterhin zu seinem Volk. Der Engel steht für Gott, das zeigt sich ebenso in seinen Händen. Die »Rechte Gottes«, seine »starke Hand« liegt auf der Rolle, seinem Volk. Auch das Himmelblau in der linken Schulter des Engels, in Mose und dem Volk, kündet die bleibende Erwählung.

Da ist noch ein Bildelement, das sowohl Gottes Zorn wie auch sein Erbarmen zum Ausdruck bringt: die Wolke. Die Wolke ist in der Bibel oft Zeichen für die Gegenwart des unsichtbaren, geheimnisvollen Gottes. Eine finstere Wolke mit eingewischten, blauen Blitzen hat sich über dem sündigen Volk zusammengebraut – der Zorn Gottes. Zugleich aber bleibt der »Engel Gottes« oberhalb der Wolke. Die Wolke ist wie ein Schutzwall zwischen ihm und dem Volk unterhalb der Wolke. Zusätzlich ist in die Wolke eine kleine Mondsichel in Kopfhöhe des Engels eingebracht: Symbol für die mütterlichen Züge in Gott. In liebendem Erbarmen hält Gott sich zurück.

»Mose kehrte um und stieg den Berg hinab, die zwei Tafeln der Bundesurkunde in der Hand, die Tafeln, die auf beiden Seiten beschrieben waren. Auf der einen wie auf der andern Seite waren sie beschrieben. Die Tafeln hatte Gott selbst gemacht und die Schrift, die auf den Tafeln eingegraben war, war Gottes Schrift« (Ex 32,15.16). Wir sehen die Tafeln des Bundes – Lichtpunkt im Bild –, die eine von göttlichem Licht durchstrahlt, das von der linken Hand des Mose über seinen Bart auf die Tafel mit den ersten drei Geboten trifft; der Grünton in der anderen Tafel, – Zeichen für Vegetation, Leben, Fruchtbarkeit – springt vom Kopf des Mose auf die Tafel des friedlichen, glücklichen Miteinanders der Menschen über.
»Als Mose dem Lager näher kam und das Kalb und den Tanz sah, entbrannte sein Zorn. Er schleuderte die Tafeln fort und zerschmetterte sie am Fuß des Berges« (Ex 32,19). Gesicht, Hände, Gewand, Füße und Tafeln hat der Künstler in fahles Licht getaucht, im Kontrast zu dem Dunkel in Berg und Wolke. Mose ist kreidebleich. Voll Schrecken und Trauer schaut er auf das Volk. Seine Gestalt ist durchbebt von Zorn, der ihn so überwältigt, daß er vergißt, was das für Tafeln sind, die er in seinen Händen hält, und wer sie beschriftet hat. Wie ein Gewitter sich entlädt, so der Zorn des Mose! Seine Gestalt bis hin zu den Tafeln ist wie ein Blitz, der vom Himmel herabfährt, in die Erde einschlägt. Mose schleudert die Tafeln zu Boden. Im Bild ist der Augenblick festgehalten, bevor die Tafeln den felsigen Boden berührend, zerbersten. Mose hat die Fassung verloren, sich von seinen Emotionen hinreißen lassen. Weil es einerseits heiliger Zorn ob des Götzendienstes ist, andererseits Verlust der Selbstbeherrschung, hat Marc Chagall Mose hier nur einen Strahl gemalt.
Doch trotz des elementaren Zornausbruchs fühlt sich Mose, wie schon in der Fürsprache, seinem Volk verbunden. Das zeigen die beiden erhobenen, nach hinten geöffneten Hände – am rechten Arm wieder eine linke Hand. Es ist, als wolle Mose das Unheil abhalten, das Gott seinem Volk als Strafe zugedacht.
In die Zange genommen von der düsteren, unheilschwangeren Wolke und dem Berg, wie auch im Erleben des zorndurchbebten Mose und der zerborstenen Tafeln des Bundes, gelangt das Volk zur Einsicht seiner Schuld. Panikstimmung! Voll Schrecken sind einige Gesichter Mose zugewandt. Andere erwecken den Eindruck, als wollten sie flüchten. Sie können dem Anblick des zürnenden Mose nicht standhalten. Dennoch, Gottes Gnade hat sie getroffen, vor dem Unheil bewahrt, wie das Licht in drei Gesichtern zu erkennen gibt: in dem Gesicht der Frau mit ihrem Kind, in Verbindung mit punktuell eingebrachtem, an den Bund erinnernden Rot; in dem Mann, der Mose seine Arme entgegenstreckt, schließlich in dem Gesicht des Mannes links unten.
In der Bildmitte, unweit des rechten Knies von Mose, sehen wir zwei kleine, gekreuzte Striche. Vielleicht hatte der Künstler damit zunächst die Bildmitte für sich kenntlich gemacht. Immerhin hat er sie stehenlassen als Bildelement. In ihnen erzählt der Künstler, wie es weiterging: »Mose kehrte zum Herrn zurück und sagte: Ach, dieses Volk hat eine große Sünde begangen. Götter aus Gold haben sie sich gemacht. Doch jetzt nimm ihre Sünde von ihnen! Wenn nicht, dann streich mich aus dem Buch, das du angelegt hast« (Ex 32,32). In Anspielung auf dieses »Ausstreichen« im Text wird in den durchkreuzten Strichen an die innere Größe des Mose erinnert, der als Mittler bereit ist, alles, selbst sein Heil für sein Volk hinzugeben. Zu Mose aber sagt der Herr: »Aber jetzt geh, führe das Volk, wohin ich dir gesagt habe. Mein Engel wird vor dir hergehen« (Ex 32,34a).

Erneuerung der Tafeln des Bundes

Weiter sprach der Herr zu Mose: Hau dir zwei steinerne Tafeln zurecht wie die ersten! Ich werde darauf die Worte schreiben, die auf den ersten Tafeln standen, die du zerschmettert hast« (Ex 34,1). – Der Bund ist gebrochen im Abfall des Volkes von Gott. Die Tafeln sind zerborsten. Kaum geschlossen, schon muß der Bund erneuert werden. Deshalb ergeht an Mose die Weisung: »Halte dich für morgen früh bereit! Steig am Morgen auf den Sinai und dort, auf dem Gipfel des Berges, stell dich vor mich hin! Niemand soll mit dir hinaufsteigen, auch soll sich kein Mensch auf dem ganzen Berg sehen lassen, und kein Schaf oder Rind soll am Abhang des Berges weiden« (Ex 34,2.3).

»Da hieb Mose zwei Tafeln aus Stein zurecht wie die ersten. Am Morgen stand Mose zeitig auf und ging auf den Sinai hinauf, wie es ihm der Herr aufgetragen hatte. Die beiden steinernen Tafeln nahm er mit« (Ex 34,4). So sehen wir Mose im Bild in sitzender Haltung, auf dem Gipfel des Berges: Mose, allein mit den Tafeln. Die Atmosphäre der Lithographie ist die des Alleinseins, der Einsamkeit.

Doch Mose ist nicht allein. Die Bibel berichtet: »Der Herr aber stieg in der Wolke herab und stellte sich dort neben ihn hin. Er rief den Namen JAHWE (›Ich bin der Ich-bin-da‹) aus« (Ex 34,5). Am linken Bildrand über der unteren Tafel hat Marc Chagall eine schattenhafte, etwas verschwommene, menschliche Gestalt in dunklem Farbton eingefügt. Sie ist Zeichen sowohl für die Wolke wie für den herabsteigenden, gestaltlosen Herrn. Und wir lesen weiter: »Der Herr ging an ihm vorüber und rief: JAHWE ist ein barmherziger und gnädiger Gott, langmütig, reich an Huld und Treue« (Ex 34,6). Eine Ahnung von dem barmherzigen, gnädigen Gott, der zu seinem Bund steht, dürfte in dem sich von dem gestaltlosen Herrn zu Mose hin wölbenden, regenbogenartigen Schein über der rechten Tafel zu erblikken sein.

Unübersehbar sind die Tafeln, die Mose jetzt nicht mehr wegwirft, sondern geradezu zärtlich umfängt, an sich drückt. Mit der rechten Hand umfaßt er sie, die linke ruht darauf. Da aber die rechte Hand von Mose nur schreibt, was Gott ihm sagt, somit dienende Funktion hat gegenüber der »Rechten Gottes«, ist sie viel kleiner gemalt als die linke Hand. Auch ist vom Blau des Himmels etwas in die Schreibhand eingebracht, den eigentlich Schreibenden bezeugend. Auf die Tafeln hat der Künstler einige hebräische Buchstaben gemalt. Die Beschriftung ist noch im Gange. Die Bibel läßt es offen, wer beschriftet. Zu Beginn von Kapitel 34 sagt Gott: »Ich werde darauf die Worte schreiben«. Später erhält Mose vom Herrn den Auftrag: »Schreib diese Worte auf...« Und »er schrieb die Worte...« (Ex 34,27.28). In der Lithographie ist es Gott selbst, der die Tafeln beschreibt. Mose hat kein Schreibzeug in der Hand. Zugleich läßt Moses Blick auf die Tafeln miterleben, wie ihn fasziniert, was vor seinen Augen als Schrift auf den Tafeln erscheint. Letztlich ist es unerheblich, ob Gott selbst schreibt oder ob er die Worte diktiert. In jedem Fall ist das Geschriebene Gottes Wort.

Sind die beiden Tafeln in zu Grau hin gebrochenem Weiß gehalten, so finden wir in der unteren Tafel mehr Goldgelb und darüber hinaus ein wenig Blau eingewischt. Ebenso sind auf dieser Tafel alle Buchstaben in Blau gemalt. Auf der oberen Tafel, die mehr in Grau ge-

taucht ist, sind zwei Worte in Schwarzgrau und eines in Blau geschrieben. Das hängt mit den Worten auf der jeweiligen Tafel zusammen. Der unteren Tafel, nahe dem amorphen Gott, sind die Worte eingegraben, die zur alleinigen Anbetung von JAHWE, dem einen Gott, zur Heiligung seines Namens und des Sabbats verpflichten. Die Gebote der zweiten Tafel mit dem vierten bis zehnten Gebot enthalten mit Ausnahme des vierten: »Ehre deinen Vater und deine Mutter« – deshalb ein Buchstabe in Blau – Verbote für den zwischenmenschlichen Bereich, beginnend mit »Du sollst nicht töten, nicht die Ehe brechen, nicht stehlen, nicht falsch gegen deinen Nächsten aussagen, nicht begehren deines Nächsten Frau noch Besitz« (vgl. Ex 20, 1–17). Diese Verbote sind in schwarzgrauer Schrift gemalt.
So sehr ist Mose in die Schrift auf den Tafeln versunken, daß die Worte ihn durchdringen. Die Farben in den Tafeln springen über auf Kopf und Hände von Mose, verdichten sich in ihm: das Goldgelb göttlichen Lichtes, das Blau des Himmels, das Weiß der Tafeln. Weil Mose in diesem Bild vom Licht der Tafeln »belichtet« wird, das seinen Schein ihm auf Gesicht und Hände wirft, hat der Künstler die von Mose ausgehenden Strahlen auf zwei kleine Striche beschränkt.
Wie hatte der Herr zu Mose gesprochen? »Schreib diese Worte auf! Denn aufgrund dieser Worte schließe ich mit dir und mit Israel einen Bund« (Ex 34,27). Die Farbe des Bundes aber ist die Farbe des Blutes, mit dem beim Bundesschluß einerseits der Altar, stellvertretendes Zeichen für Gott, und andererseits das Volk besprengt wurde. Mose hatte damals die Worte gesprochen: »Das ist das Blut des Bundes, den der Herr aufgrund dieser Worte mit euch geschlossen hat« (Ex 24,8b). Deshalb wählt der Künstler die Farbe des Bundes für das Gewand des sitzenden Mose. Er hält die Tafeln auf seinem Schoß und seiner Brust. Der den Tafeln damit gegebene rote Untergrund weist so zugleich auf die »Worte des Bundes« (Ex 34,28b) hin, die, in die Steinplatten eingegraben, diese zu den geheiligten Bundestafeln werden lassen.
Freilich genügt es nicht, daß diese »Worte des Bundes« nur auf den Tafeln stehen. Auch das rote Gewand ist nur Zeichen, mehr nicht. Die »Worte des Bundes« müssen in den Menschen eingehen. So begegnet uns denn auch das Rot im Hinterkopf des Mose. Er hat die Worte, den Bund, in sich aufgenommen.
»Mose blieb dort beim Herrn vierzig Tage und vierzig Nächte. Er aß kein Brot und trank kein Wasser. Er schrieb die Worte des Bundes, die Zehn Worte, auf Tafeln« (Ex 34,28). Gott so nahe und von Gottes Worten völlig in Anspruch genommen, selbst für die auf ihm ruhenden Tafeln zur Lade geworden, schwindet irdisches Verlangen nach Speise und Trank. Gottes Nähe ist die erhaltende, belebende, alles Lebensfeindliche überwindende Kraft.
In der Diagonale zu dem den Bund Gottes in sich verkörpernden Mose, angedeutet im Rot seines Kopfes, entdecken wir in der Bildecke links unten, bei genauem Hinsehen, weil nur hineingewischt, einen kleinen Vogel mit dem Kopf nach unten und den Schwanzfedern nach oben. Damit will Marc Chagall daran erinnern, daß es in der Art, wie er das Bild gemalt, nicht nur um Vordergründiges, sondern mehr noch um Übergründiges, um geistig-geistliche Wirklichkeit geht, die es zu erkennen gilt im Sichaufschwingen zu Gott, ähnlich einem Vogel, der zur Höhe steigt. Der Bund, seine Erneuerung, die »Tafeln und Worte des Bundes« und die Vereinnahmung durch Mose sind Thema des Bildes.
Mose betete auf dem Berg: »Wenn ich deine Gnade gefunden habe, mein Herr, dann ziehe doch mein Herr mit uns. Es ist zwar ein störrisches Volk, doch vergib uns unsere Schuld und Sünde, und laß uns dein Eigentum sein!« (Ex 34,9). Der Herr antwortete: »Hiermit schließe ich einen Bund: Vor deinem ganzen Volk werde ich Wunder wirken, wie sie auf der ganzen Erde und unter allen Völkern nie geschehen sind« (Ex 34,10a).

Mose bringt dem Volk die Tafeln des Bundes

Dunkle Wolken umlagern das Sinaigebirge, füllen den oberen Teil des Bildes. Unten türmt sich Felsgestein. Es kann nicht der Gipfel sein, denn das Volk am Fuß des Berges ist deutlich erkennbar, sogar die verschiedenen Gesichter. Es muß der Ausläufer zur Ebene hin sein. Im Vordergrund, die Diagonale bildend von der linken unteren Bildecke bis zur rechten oberen, sehen wir Mose mit den Tafeln des Bundes. Es ist die Situation, die die Bibel in die Worte faßt: »Als Mose vom Sinai herunterstieg, hatte er die beiden Tafeln der Bundesurkunde in der Hand« (Ex 34,29a).

Mose steht nicht und geht nicht. Er kniet auch nicht auf dem felsigen Vorsprung. Mit den Fußspitzen drückt er sich vom Boden ab. So kann man nicht stehen, nicht knien. Mose schwebt, wie von unsichtbarer Hand getragen und gehalten, dem Volk am rechten Bildrand zu. In diesem Schweben gibt es noch eine andere Bewegungsrichtung. Er schwebt nach oben, den Tafeln in der rechten oberen Bildecke entgegen. Es ist ein Schwebezustand, der ihn einerseits im Zu-Gott-Aufsteigen, im Gottzugewandtsein beläßt, andererseits dem Volk immer näher kommen läßt. Bewegung in zwei Richtungen vereint sich so in der Gestalt des Mose. Hier wird ein Grundgesetz deutlich: Gottzugewandtsein entfernt nicht vom Menschen, sondern führt zum Menschen hin.

»Mose hatte die beiden Tafeln der Bundesurkunde in der Hand«. – Wir sehen die Tafeln. Mose trägt sie nicht, sondern er schwebt ihnen entgegen. Sein linker Arm liegt hinter der linken Tafel, seine rechte Hand deutet mehr auf die rechte Tafel, als daß die Hand diese berührt. So kann man Steintafeln nicht tragen. Auch die Tafeln schweben. Sie schweben Mose voraus. Die Schwerkraft scheint ihnen genommen.

Der schwebende Mose trägt die schwebenden Tafeln so feierlich, daß dem Beschauer der Lithographie unmittelbar der Eindruck vermittelt wird: Diese mit dem Wort Gottes beschrifteten Tafeln sind etwas überaus Kostbares, Heiliges. Auch hier hat der Künstler die erste Tafel mit den sich mit Gott unmittelbar befassenden Geboten nicht nur durch sparsamere Beschriftung, sondern auch durch tropfenartig eingebrachtes Rot von der Tafel mit den dem zwischenmenschlichen Bereich dienenden Geboten abgehoben. Die erste Tafel ragt ein wenig höher, die zweite ist mehr dem Volk darunter zugeordnet. Das Rot des Bundesblutes in der rechten oberen Bildecke, in das die Tafeln hineinstoßen und das auf die linke Tafel überspritzt, läßt erkennen, daß diese Tafeln dem Bund Gottes mit Israel dienen.

Der lichteste Punkt im Bild sind die Tafeln in gleißendem Weiß, das bald mit Goldgelb und Blau, an anderen Stellen mit Grau und Schwarz hauchdünn überzogen ist. Das Licht fließt von den Tafeln auf Gesicht und Arme des Mose über und strömt dann in sein Gewand ein, in dem sich Goldgelb und Grün mischen. Partiell von einem zarten Blauschleier überlagert, versinkt es dem Fußende zu in immer erdhaftere Farbtöne.

So stark ist das Licht, das von den Tafeln auf Mose überspringt, daß er, davon geblendet, die Augen schließt. Marc Chagall ließ sich zu diesem lichtdurchfluteten, ganz von Gott er-

füllten Mose inspirieren vom biblischen Text her: »Während Mose vom Berg herabstieg, wußte er nicht, daß die Haut seines Gesichts Licht ausstrahlte, weil er mit dem Herrn geredet hatte« (Ex 34,29 b). Die Gottbegegnung auf dem Sinai war nicht spurlos an ihm vorbeigegangen. Überirdisches Leuchten umfängt und durchdringt ihn. Der Widerschein der Gottbegegnung liegt auf ihm.

In der linken oberen Bildecke, inmitten der dunklen Wolke, erblicken wir einen Engel. Seine Gestalt ist in zu Weiß hin aufgehelltem Türkisblau gemalt, das in den Flügeln sich zum Himmelblau verdichtet und sogar auf den Hinterkopf des Mose übergreift. Flügel und Farbgebung erweisen ihn als Boten Gottes. Unter dem Arm, an sich gepreßt, trägt er eine Torarolle. Hier ist es, wie die blutrot gemalte Schriftrolle andeutet, das »Bundesbuch« (Ex 21,1–23,33). Die Zehn Worte auf den Tafeln beinhalten nicht die gesamte Weisung Gottes für seinen Bundespartner, das Volk. Mit ihnen beginnt sie. In ihnen ist sie zusammengefaßt. Der Engel bringt, Mose folgend, das Bundesbuch. Der Künstler hat dem Engel einen Tierkopf mit gutem Gesicht gemalt, das steil nach oben, zum Himmel schaut. Die Tiere sind bei Marc Chagall meist Symbol für Vitalität, das Leben, und zwar das unverdorbene Leben. Je näher ein Geschöpf bei Gott ist, um so mehr gewinnt es an Leben. Engel sind höhere Schöpfungsstufe als wir. In dem Engel finden wir dieselbe Doppelbewegung wie in Mose. Er fliegt mit dem Bundesbuch auf das Volk zu und verharrt dennoch gleichzeitig in Sichtkontakt mit Gott, in der Anschauung Gottes.

Es ist jener Augenblick im Bild festgehalten, in dem Mose, vom Berg kommend, bei seinem Volk eintrifft. Nun geschieht, was geschrieben steht: »Als Aaron und die Israeliten Mose sahen, strahlte die Haut seines Gesichtes Licht aus, und sie fürchteten sich, in seine Nähe zu kommen« (Ex 34,30). Von dieser Furcht, die das Volk angesichts der lichten Gestalt des Mose und der von ihm ausgehenden Strahlen erfaßt, ist etwas in den Gesichtern zu lesen. Die Strahlkraft des Mose und der Tafeln ist so groß, daß sie sich auf das Volk legt, das den Lichtschein reflektiert und reflektieren soll, denn die Tafeln wie das Bundesbuch sind für das Volk gegeben und bedürfen der Antwort des Volkes im Tun des Geschriebenen.

»Erst als Mose sie rief, kamen Aaron und alle Sippenhäupter der Gemeinde zu ihm zurück, und Mose redete mit ihnen. Dann kamen alle Israeliten herbei, und er übergab ihnen alle Gebote, die der Herr ihm auf dem Sinai mitgeteilt hatte« (Ex 34,31.32). Mose bringt dem Volk die Tafeln des Bundes. In den mit Gottes Wort beschrifteten Tafeln ist der Herr den Israeliten nahe. Aber auch in Mose, dem Mittler, erleben sie Gottes Nähe, denn sein Gesicht strahlt noch immer das Licht der Gottbegegnung aus. Das können die Israeliten nicht ständig ertragen. Deshalb lesen wir: »Als Mose aufhörte, mit ihnen zu reden, legte er über sein Gesicht einen Schleier. Wenn Mose zum Herrn (in das Zelt, das die Tafeln beherbergte) hineinging, um mit ihm zu reden, nahm er den Schleier ab, bis er wieder herauskam. Wenn er herauskam, trug er den Israeliten alles vor, was ihm aufgetragen worden war. Wenn die Israeliten das Gesicht des Mose sahen und merkten, daß die Haut seines Gesichtes Licht ausstrahlte, legte er den Schleier über sein Gesicht, bis er wieder hineinging, um mit dem Herrn zu reden« (Ex 34,33–35).

Der Künstler Bezalel

Mehrere Kapitel (Ex 25–31,11; 35,4–39,42) widmet das Buch Exodus einem Künstler und seinem Kunstwerk: Bezalel. Nur zu verständlich, daß diese biblische Gestalt dem Künstler Marc Chagall besonders am Herzen liegt. Hier findet er die Gelegenheit, von der Bibel her Wesenszüge im Bild aufzuzeigen, die über Bezalel hinausgehend für Künstler, zumal wenn sie sich mit sakraler Kunst befassen, bestimmend sind. Er sollte mit anderen die Kultstätte, das Heilige Zelt, die Kultgeräte, wie etwa die Bundeslade und den siebenarmigen Leuchter, sowie die Kultkleidung, die priesterlichen Gewänder, schaffen.

Bezalel ist ein begnadeter Künstler. Gott ist es, der ihn berufen und begabt hat. »Der Herr sprach zu Mose: Siehe, ich habe Bezalel, den Sohn Uris, den Enkel Hurs, vom Stamm Juda, beim Namen gerufen und ihn mit dem Geist Gottes erfüllt, mit Weisheit, mit Verstand und mit Kenntnis für jegliche Arbeit: Pläne zu entwerfen und sie in Gold, Silber und Kupfer auszuführen und durch Schneiden und Fassen von Steinen und durch Schnitzen von Holz allerlei Werke herzustellen« (Ex 31,1–5). Die Bandbreite des künstlerischen Begabtseins von Bezalel ist beachtlich. Marc Chagall, von dem Gleiches gesagt werden kann, vermag sich gut in ihn hineinzudenken. Er findet sich in ihm wieder und hat den Künstler der Bibel entsprechend der an ihn ergangenen göttlichen Berufung und Begabtheit gemalt. Bezalel, nahe dem rechten Bildrand, füllt die Lithographie von unten bis oben. Die äußere Größe im Bild weist auf die überragende innere Größe von Bezalel hin. Marc Chagall hat Bezalel sitzend gemalt; nur fehlt, worauf er sitzt. Die fehlende Sitzgelegenheit nimmt dem Künstler etwas von Erdenschwere, die es im Kunstschaffen zu übersteigen gilt.

Bezalel ist in sehr jugendlich wirkender Gestalt gemalt. Marc Chagall hat sich ebenfalls jung dargestellt, obwohl er sich sehr wohl des Verrinnens der Jahre, des Älterwerdens bewußt war. Chagall geht es um das für den Künstler und sein Kunstschaffen unentbehrliche innere Jungsein. Ein Künstler – und das gilt für jeden Menschen – bleibt nur schöpferisch, solange er innerlich jung bleibt. Marc Chagall blieb diese Gabe bis zum Ende seines Erdenlebens. Um so vielseitig kreativ zu sein, wie die Bibel das Kunstschaffen von Bezalel beschreibt, muß der Maler ihn jugendlich als Metapher für inneres Jungsein darstellen.

Der Künstler zeigt Bezalel im Profil. Sein Blick geht nicht auf die kunstvollen Gegenstände, sondern ins Leere, Weite. Es ist jener Blick – ich habe ihn bei Marc Chagall oft erlebt –, der das Irdische nicht mehr wahrnimmt, sondern ganz auf das Bild gerichtet ist, das er in sich schaut. Es ist ein mystisches Schauen. Und weil das Schauen – zumal das innere – für den Künstler so wichtig ist, bringt Marc Chagall auch das linke Auge von Bezalel zum Vorschein, das bei Darstellung im Profil an sich nicht sichtbar ist. Es ist ein vom Kopf losgelöstes, freischwebendes Auge, weil es nicht so sehr auf das Diesseits als vielmehr auf das Jenseits und Inseits gerichtet ist. Mit dem im Profil gemalten Bezalel erreicht Chagall zugleich, daß es bei dem Künstler der Bibel nicht nur um das Schauen, sondern zuerst um das Hören geht. Das durch das Haar verdeckte Ohr weist zur Bildmitte und ist offen für das, was ihm von dorther an Botschaft zukommt. Er trägt ein rundes Käppchen, wie es Sitte bei jüdischen Kulthandlungen ist, denn hier geht es um Kunst, die dem Kult dienen soll.

»Der Herr hat Bezalel mit dem Geist Gottes erfüllt« (Ex 31,3; 35,31), ihm ins Detail gehende Anweisungen gegeben, wie die einzelnen Kunstwerke zu gestalten sind. Ein farbenprächtiger Vogel fliegt aus der in goldgelbes, göttliches Licht getauchten linken oberen Bildecke, dem göttlichen Bereich, auf Bezalel zu. Es ist ein gekrönter Vogel, und das zeigt, daß er Bild ist für die von Gott dem Künstler zufliegenden Gedanken und Worte, wie der geöffnete Schnabel des Vogels kundtut. Es sind die zweimal erwähnten, genauen Bestimmungen, die für die Ausschmückung des gesamten Kultbereichs zunächst als Anordnung gegeben und in der Ausführung gewissenhaft beachtet wurden.
Ist im königlichen Vogel angedeutet, woher dem Künstler Auftrag und Weisung zukommen, so schauen wir zwischen dem Vogel und Bezalel ein weiteres Bildelement. Es ist eine Sonne in kreisrunder, auf die Vollkommenheit Gottes anspielender Form. Sie ist mit abgestuften Rottönen gefüllt, die sowohl auf die Liebe Gottes und die nicht zuletzt im Kult geschuldete Gegenliebe wie auch auf den Gottesbund hinweist, dem der Kult dient. Im Innern der Kreisform bezeichnet der Davidstern das Gottesvolk Israel. Die ihm eingefügten, verschiedenfarbige Steine deuten die zwölf Stämme an. Den Mittelpunkt im sechseckigen Stern, dem Hexagramm, bildet der Gottesname »JAHWE« in hebräischen Buchstaben.
Mit dem Vogel gerät das Goldgelb göttlichen Lichtes wie in eine Umlaufbahn, an der Kreisform vorbeifließend, auf Bezalel übergreifend und sich dann zu einem Strom ausbildend, der sich in die Kunstwerke ergießt. Bezeichnenderweise sind das losgelöste linke Auge und die rechte, tatsächlich zweite linke Hand des Künstlers in die goldgelbe Lichtbahn aufgenommen. Einer das Goldgelb abgrenzenden, schmalen weißen Schneise folgt eine in Blautönen verschiedener Dichte gehaltene, breite Bahn, die das Himmlische der Berufung und Bedeutung der kultischen Kunstwerke andeutet. Nach nochmaliger Abgrenzung in Weiß folgt eine grüne, Vegetation, Leben, Hoffnung kündende Bahn, steht doch der Kult im Dienst des Lebens. Alle diese Farben durchströmen zunächst den Künstler selbst, um dann in seine Kunstwerke einzugehen.
Wir sehen den Leuchter mit mandelblütenförmigen Kelchen, Knospen und Blüten und brennenden Kerzen, den Marc Chagall – weil hier nur zeichenhaft – nicht siebenarmig, sondern fünfarmig gemalt hat. Der Leuchter steht vor dem Vorhang, der das Allerheiligste des Heiligen Zeltes, die »Wohnstätte«, vom Heiligtum abgrenzt. Dieser ist hinter dem Fuß des Leuchters sichtbar. Zwei Löwen sind zu sehen und darüber eine schwebende Krone, häufiger Schmuck des Toraschreines. Die Löwen sind zugleich Stammeszeichen von Juda, dem der Messias nach der Schrift entstammt und dem auch Bezalel angehörte. Über die Krone hat Marc Chagall ein kunstvoll gestaltetes Zeltdach gemalt, das mit einem Pinienzapfen gekrönt ist, vielleicht auf das Zeltdach über der »Wohnstätte« und der Bundeslade hinweisend. In dieses Dreieck sind segnende Priesterhände, Symbol für den Priestersegen »Birkat Kohanim« (Num 6,22–27) eingebracht. Hinter der äußersten rechten Kerze dürfte eine der Zeltstangen angedeutet sein.
Selbstverständlich bedarf es auch des Werkzeugs. In seiner Linken hat der Künstler einen Stift, daneben einen der silbernen Nägel, darunter skizzenhafte Andeutung vielleicht des Heiligen Zeltes. Zu Füßen von Bezalel liegt ein Hammer, dahinter steht ein Gefäß mit verschiedenen Bohrern und Pinseln und ein Krug, in dem Manna für die nachfolgenden Generationen aufbewahrt werden sollte (vgl. Ex 14,32–36).
Der Künstler schafft und vollendet sein Werk. Die Bibel stellt fest: »Bezalel, der Sohn Uris, des Sohnes Hurs, vom Stamm Juda, führte alles aus, was der Herr dem Mose befohlen hatte« (Ex 38,22). Jetzt wird bald die Herrlichkeit Gottes das Heiligtum erfüllen. Gott wohnt im Zeltheiligtum inmitten seines Volkes.

Weisung und Kult in Mose und Aaron

So wurde das ganze Werk für die Wohnstätte des Offenbarungszeltes vollendet; die Israeliten taten genau so, wie es der Herr dem Mose befohlen hatte. So machten sie es« (Ex 39,32). – Wie kann Marc Chagall die Vollendung, Bedeutung und Aufgabe von all dem in ein einziges Bild fassen? Das geschieht in einem zweiten Bild von Mose und Aaron im Zyklus. In ihnen und mit ihnen wird deutlich, welche Aufgabe dem »Offenbarungszelt« und der dort dargebrachten kultischen Gottesverehrung zu eigen ist.

Den Bildgrund bildet ein Dunkel, das aber anders ist als in der Lithographie von der ägyptischen Finsternis und in jener der Begegnung der Brüder am Sinai. Es ist ein spärlich erhellter, durch übereinander liegende, verschiedene, hauchdünne Farbtöne erreichter, vielfältig abgewandelter Grünton, der eine mystische Atmosphäre schafft. Er gibt die mystische Stimmung im Innern des Zeltheiligtums wieder, dem allein Licht wird von dem siebenarmigen Leuchter her und das seinen grünlichen Schimmer, sein Lichtfluidum vielleicht von dem im Heiligtum verarbeiteten Akazienholz besitzt. Der Künstler öffnet somit gleichsam einen Spalt weit den Eingang zum Heiligen Zelt und läßt uns einen Blick ins Innere werfen.

Geheimnisumwittert tauchen Mose und Aaron aus diesem mystischen Dunkel auf, von der nicht sichtbaren Lichtquelle erhellt, deren Licht, goldgelb und weiß, in den Tafeln des Bundes zusammenfließt und in ihnen seine höchste Helligkeit erreicht.

In der Bildmitte, im Vordergrund, schauen wir die durchgeistigte Gestalt des Mose. In vorwiegend zum Grün hin gebrochenem Weiß nimmt sie das Lichtfluidum des Zeltinnern auf: Mose, der Mittler des Bundes. In seiner Hand sind die Bundestafeln. Er hat sie aus Gottes Hand empfangen. Er hat auf Gottes Geheiß das Volk Israel aus Ägypten herausgeführt. Er war der Mittler beim Bundesschluß und dessen Erneuerung. Ihm wurden die Anordnungen zum Bau des Zeltheiligtums, zur Fertigung der kultischen Gewänder und Geräte gegeben. Mose ist es, der die Weihe des Heiligtums, der Kultgeräte, des Aaron und seiner Söhne zu Priestern vornimmt. Er ist es, von dem geschrieben steht: »Dann nahm er die Bundesurkunde, legte sie in die Lade, brachte die Stangen an der Lade an und setzte die Deckplatte oben auf die Lade. Er brachte die Lade in die Wohnstätte, spannte die Vorhangdecke auf und verdeckte so die Lade der Bundesurkunde, wie es der Herr dem Mose befohlen hatte« (Ex 40,20.21). Die Strahlen, die wir immer nur bei Mose finden, in fahlem Weiß von seinem Kopf ausgehend, künden seine besondere Gottinnigkeit. Sein Blick ist nicht auf die Tafeln gerichtet. Das muß auch nicht sein, denn er trägt alle Weisung Gottes in sich. Er ist gleichsam die lebendige Verkörperung der Weisung Gottes. Deshalb finden wir auch alle Farbtöne, die uns in den Tafeln begegnen – ausgenommen das sparsam eingebrachte Rot des Bundesblutes – in Mose wieder; so das Goldgelb in der Herzgegend und Mundpartie von Mose, dem Verkünder der Weisung Gottes.

Er schaut in das mystische Dunkel zur Rechten. Sein Auge ist weit geöffnet. Ist sein Blick sorgenvoll in die Zukunft gerichtet, ob Gottes Weisung auch beachtet werden wird? Oder ist es sein Gegenüber, der Herr selbst, den Mose im Heiligtum schaut? Kommt in diesem Gesicht etwas zum Ausdruck von dem, was das Buch Exodus vom Aufenthalt des Mose im Of-

fenbarungszelt berichtet? »Der Herr und Mose redeten miteinander Auge in Auge, wie Menschen miteinander reden« (Ex 33,11a). Oder ist es ein nicht so sehr besorgter als vielmehr verzückter Blick, aus dem die Bitte des Mose spricht: »Laß mich doch deine Herrlichkeit sehen! Der Herr gab zur Antwort: Ich will meine ganze Schönheit vor dir vorüberziehen lassen und den Namen des Herrn vor dir ausrufen. Ich gewähre Gnade, wem ich will, und ich schenke Erbarmen, wem ich will. Weiter sprach er: Du kannst mein Angesicht nicht sehen; denn kein Mensch kann mich sehen und am Leben bleiben« (Ex 33,20).

Mose bietet die Tafeln des Bundes dar, weist mit der linken Hand, der ein wenig Blau des Himmels eingetupft ist, auf sie hin. Er deutet damit auf den ersten Stützpfeiler jüdischer Religion: die Tora, die Weisung Gottes, oft, ihren Sinn verfremdend, mit »Gesetz« wiedergegeben. »Die Tafeln hatte Gott selbst gemacht, und die Schrift, die auf den Tafeln eingegraben war, war Gottes Schrift« (Ex 32,16). Deshalb hatten sie ihren Platz im Allerheiligsten des Zeltheiligtums, der Wohnstätte, geborgen in der Bundeslade. Sie waren das Allerheiligste im Allerheiligsten. In ihnen war Gottes Gegenwart am meisten verdichtet.

Doch nicht nur Mose tritt uns aus dem Zeltinnern entgegen, sondern ebenso Moses leiblicher Bruder Aaron. Im Zeltheiligtum darf auch Aaron nicht fehlen, ist er doch im Auftrag Gottes zum Priester geweiht (vgl. Ex 40,13). Aaron ist an der Lostasche erkennbar. Sie ist mit zwölf verschiedenen Edelsteinen besetzt, die in Gold gefaßt sind: »Die Steine lauteten auf die Stämme der Söhne Israels, zwölf auf ihre Namen – in Siegelgravierung. Jeder lautete auf den Namen eines der zwölf Stämme« (Ex 39,14). Aaron trägt zum Zeichen seines priesterlichen Dienstes den Turban aus Byssus, der – im Bild nur angedeutet – mit einer Rosette aus purem Gold, dem heiligen Diadem, geschmückt ist. Auf ihm ist die Inschrift eingraviert: »Heilig dem Herrn« (Ex 39,30).

Turban und Gesicht sind von den Lampen des Leuchters in göttliches Licht getaucht, wie auch die Tafeln und der von der Lichtquelle etwas weiter entfernte Mose. Kultstätte, Kultkleidung und der im Zeltheiligtum dargebrachte Kult dienen zuerst und vor allem dem Lob, der Verherrlichung Gottes. Kult ist höchster Dienst, weil ausschließlich Gott gegenüber angebracht und geschuldet. Marc Chagall hat die Hoheit des Kultes angedeutet, indem er in diesem Bild Aaron höher, oberhalb von Mose, dargestellt hat. Aarons Gesichtsausdruck ist der eines in sich gekehrten, ins Gebet versunkenen, russischen Juden. Der Kult, in Aaron in die Lithographie eingebracht, ist der zweite Stützpfeiler jüdischer Religion.

Wie wir vom Goldgelb des Aaron etwas in Mose finden, so umgekehrt vom Weiß des Mose in Aaron, denn Gottes Weisung und kultische Gottesverehrung sind untrennbar miteinander verbunden. Weisung und Kult haben richtungweisende, erhellende, einem Leuchtturm ähnliche Funktion im Dunkel der Welt. Der Bildaufbau legt diesen Vergleich nahe. Auch auf den Tafeln ist diese Zusammengehörigkeit ersichtlich. Goldgelb ist dort eingebracht, wo die unmittelbar der Gottesverehrung dienenden Gebote stehen. Auf der anderen Tafel finden wir mehr abschattiertes Weiß. Von der Zuwendung zu Gott her empfangen die Gebote für den zwischenmenschlichen Bereich ihre Tragfähigkeit und Verbindlichkeit.

In die rechte untere Bildecke, vom Grünton leicht überdeckt, hat Marc Chagall noch umrißhaft ein Tier eingezeichnet, das gerade noch erkennbar durchschimmert. Vielleicht hat er dabei an die im Kult Gott dargebrachten Opfertiere gedacht. Und daneben, zu Mose hin, dürfte noch eine, ebenfalls leicht übermalte, dem Kult dienende Schale erkennbar sein.

Oberhalb der Strahlen des Mose und rechts vom Kopfbund des Aaron ist – schwach aus dem grünen, mystischen Lichtfluidum des Bildgrundes heraustretend – ein kreisförmiger rötlicher Schein eingebracht, vielleicht nochmals die geheimnisvolle Gegenwart des unsichtbaren Gottes betonend, der in Weisung und Kult zugegen ist: »Ich bin mit dir« (Ex 3,12).

Der segnende Mose

Mose besichtigte das ganze Werk: Sie hatten es gemacht, wie es der Herr befohlen hatte. So hatten sie es gemacht, und Mose segnete sie« (Ex 39,43). Diese Worte dürften Marc Chagall inspiriert haben, den segnenden Mose zu malen. Mose segnet das Volk. Mose, dem Mittler des Bundes, blieb die höchste priesterliche Funktion. Der Sieg über Amalek wurde mit Hilfe der zum Segen erhobenen Hände des Mose erfochten. Mose war es, der auf Gottes Geheiß hin Zeltheiligtum, Kultgeräte, Aaron und dessen Söhne mit Salböl geweiht hat. Sogar die Segensworte, die Aaron und seine Söhne über das Volk sprechen sollen, werden von Gott nicht Aaron, sondern Mose zur Weitergabe anvertraut: »Der Herr sprach zu Mose: Sag zu Aaron und seinen Söhnen: So sollt ihr die Israeliten segnen; sprecht zu ihnen: Der Herr segne dich und behüte dich. Der Herr lasse sein Angesicht über dich leuchten und sei dir gnädig! Der Herr wende sein Angesicht dir zu und schenke dir Heil. So sollen sie meinen Namen auf die Israeliten legen, und ich werde sie segnen« (Num 6,22,27).

Wir sehen Mose in der Lithographie. Aus der linken unteren Ecke drängt er ins Bild. Sein Gewand ist in Grünton gehalten, der nach unten hin in Blau-, Grau-, Weißtöne abgewandelt ist. Eindeutig ist der Gestus des Segnens, sind die zum Segen weit ausgespannten Arme und Hände. Doch beschränkt sich Marc Chagall nicht darauf, den segnenden Mose zu malen. Er veranschaulicht, was Segen beinhaltet, stellt bildhaft Theologie des Segens dar.

Mose steht nicht, sondern stemmt sich, auf einem Hügel stehend, mit aller Macht kraftvoll vom Boden ab, als wolle er sich selbst schützend über die werfen, denen der Segen zugedacht ist. Mose bringt sich selbst so sehr in den Segen ein, daß er von der Höhe in die Ebene stürzen müßte, würde er nicht von geheimnisvoller Hand gehalten. Segen beansprucht den Segnenden, verlangt, daß der Segnende in voller Zuwendung seines Herzens in den Segen eingeht, sich selbst – nicht nur die Hände – Heil erflehend, auf die Zu-segnenden legt. Der Segnende muß sich einem anderen übereignen, in die Hand geben, der ihn trägt. Marc Chagall hat dies in der Körperhaltung des segnenden Mose veranschaulicht. Ihr entspricht auch das Auge des Mose. Es scheint geschlossen in höchster Konzentration auf das, was er tut. Die großen Hände an den ausgespannten Armen des Mose sind wie schützende Dächer weit geöffnet, aber sie deuten, vertauscht – die rechte Hand am linken Arm und umgekehrt – nach oben und hinten, so daß die Handrücken den Zu-segnenden, die Handteller dem Himmel zugewandt sind. In dieser, der Anatomie widersprechenden Händehaltung wird deutlich, daß die Hände im Segnen eine andere Aufgabe als üblich erfüllen. Zugleich lassen die nach oben geöffneten Handteller erkennen, daß diese zum Segnen von oben gefüllt werden müssen. Segnen ist vorrangig nicht menschliches Tun, sondern Tun Gottes, der Menschen zum Segnen beauftragt, sich ihrer zum Segnen bedient. Dem Segnenden ist nur eine Mittlerfunktion gegeben.

Zusätzlich wird dies in dem Engel über und hinter Mose verdeutlicht. Er ist größer, machtvoller als Mose gemalt. Seine Flügel durchmessen die volle Bildbreite. Von leicht abgetöntem, goldgelb-weißem Licht durchstrahlt – weil aus dem göttlichen Bereich kommend – eilt er Mose zu Hilfe. Sein linker Arm ist richtungweisend ausgestreckt, erinnert an das Wort

des Herrn im Buch Exodus: »Ich werde einen Engel schicken, der dir vorausgeht. Er soll dich auf dem Weg schützen und dich an den Ort bringen, den ich bestimmt habe ... In ihm ist mein Name gegenwärtig« (Ex 23,20.21 c). Mit seinem rechten Arm unterfängt er behutsam die Rechte des Mose, damit dieser segnend nicht stürzt. Von dem Engel ausgehend, dringen Strahlen des göttlichen Lichtes in Mose, sein Gesicht und die Hand am linken Arm ein. Brünettes Haar umspielt das Gesicht des Engels. In ihm, den Flügeln, dem Daumen der rechten Hand am ausgestreckten linken Arm und im Kinnbart des Mose finden wir punktuell eingebrachtes Rot. Im Segnen und Gesegnetwerden wird der Gottesbund wirksam. Der Blick des Engels ist voll Güte auf Mose gerichtet, erinnert an das Wort im Buch Jesus Sirach: »Geliebt von Gott und den Menschen: Mose, sein Andenken sei zum Segen« (Sir 54,1). Der Engel Gottes hilft machtvoll mit zu segnen, unterstützt, was menschliche Kraft übersteigt. Doch auch mit dem Engel ist die Theologie des Segnens noch nicht erschöpfend dargestellt. Über seinen Flügeln sehen wir zwei Mondsicheln, das durch die Verdopplung verstärkte Symbol der Empfänglichkeit. Diese Mondsicheln zeigen an, daß auch der Engel letztlich nicht segnet, ist er doch Geschöpf Gottes und damit »Empfangender«.

Der eigentlich Segnende ist allein der unsichtbare Gott. So wirken sie mit: der Engel und Mose; doch das Entscheidende wirkt Gott. Genau so, wie es im Priestersegen geschrieben steht: »So sollen sie meinen Segen auf die Israeliten legen, und ich werde sie segnen« (Num 6.27). Ein weiteres Bildelement tritt hinzu. Ein Arm mit einer Hand, nur strichhaft angedeutet, streckt sich der linken Hand von Mose entgegen. Im Segen nimmt Gott den in seinem Namen Segnenden gleichsam an der Hand. Nur von der Bibel her erschließt sich dem Glaubenden das Mysterium des Segens. Man muß schon – ähnlich dem kleinen, blauen Vogel im Bild – zur Höhe aufsteigen, um diese Wirklichkeiten zu erspüren.

Wer wird gesegnet? Auch das ist in die Lithographie eingebracht. Da sehen wir unterhalb von Mose, in Blau umrißhaft der Ebene eingezeichnet, einen Menschen, unweit davon in Gelbton ein Tier, und am rechten Bildrand in sattem Grün zwei Zweige. Mensch, Tier und Pflanzen stehen für die Welt, die Schöpfung Gottes. Der Segen Gottes, wirksam werdend in dem segnenden Mose, umgreift räumlich die Welt.

Am rechten Bildrand sehen wir Jerusalem, erkennbar am Davidsturm und rechts davon am Felsendom, dem einstigen Standort des Tempels. Die Heilige Stadt betonend, hat Marc Chagall über der Stadtmauer zwei Leuchter mit brennenden Kerzen gemalt und darüber den Davidstern, Symbol für das Gottesvolk Israel. Rotgoldener Schein steigt hinter Jerusalem auf, der »Stadt des großen Gottes«, des Bundesgottes. Der Künstler eilt hier im Bild der Zeit des Mose voraus. Und doch nicht! Israel ist nicht allein der Gegenwart verhaftet. Sein Denken umgreift in Rückschau Generationen. Sein Gott ist der »Gott der Väter«, der Gott Abrahams, Isaaks und Jakobs. In auffallender Häufigkeit begegnen uns in der Bibel Generationenlisten. Mit jener der Nachkommen Jakobs beginnt das Buch Exodus. Biblisches Denken aber gilt ebenso der Zukunft, den kommenden Generationen. Das ist charakteristisch für den Segen. Im Buch Deuteronomium wird berichtet: »Das ist der Segen, mit dem Mose, der Mann Gottes, die Israeliten segnete, bevor er starb« (Dtn 33,1).

Dieser letzte Segen des Mose mag Marc Chagall bei Schaffung der Lithographie mit vor Augen gestanden haben. In den 16 Versen von Kapitel 33 ergießt sich der Segen des sterbenden Mose über die zur Zeit des Mose lebenden Israeliten hinaus, in die zwölf Stämme hinein, bis in die fernste Zukunft. Und auch in diesem Segen wird ständig deutlich, daß es Gott ist, der durch Mose segnet: »Keiner ist wie der Gott Jeschuruns (kultischer Name für Israel), der in den Himmel steigt, um dir zu helfen ... Wie glücklich bist du, Israel! Wer ist dir gleich, du Volk, gerettet durch den Herrn, den Schild, der dir hilft« (Dtn 33,26 a.29 a).

Gott ist mit seinem Volk

Im letzten Blatt hat Marc Chagall seinem farblithographischen Zyklus zum Buch Exodus das Finale, den machtvollen Ausklang gegeben. Schon im Format dieses Bildes, doppelt so groß wie jedes der vorangegangenen 23 Blätter, kommt dies zum Ausdruck.
Man könnte dem Blatt den Titel »Exodus« (Auszug) geben. Doch wäre dies zu vordergründig. Diese Lithographie ist Abschluß und Zusammenfassung zugleich, indem sie nochmals das Leitmotiv des Buches Exodus verdeutlicht, das in jedem der Bilder in jeweils anderer Situation sichtbar wird. Exodus, das ist nicht irgendeine Völkerwanderung, sondern biblische Begebenheit, Geschichte Gottes mit seinem Volk Israel, Heilsgeschichte. Wir sehen das Volk auf seinem Wüstenzug. Gelbliche Sandflächen, nur im Hintergrund von fernen Hügeln und vorne rechts unten von einem Felsen unterbrochen, sind Bildgrund. Männer und Frauen, Erwachsene und Kinder durchwandern Wüstenland. Eine Mutter trägt ihr Kind auf dem Arm. Da sind Menschen, die ihre Habseligkeiten auf dem Kopf oder in einem Sack über der Schulter tragen, wie Marc Chagall dies in seiner russischen Heimat so oft erlebt hat. Auch ihre Tiere führen sie mit. Ein Jungtier wird ebenfalls getragen. Viele Farben, die uns in Volksszenen des Zyklus begegnen, finden wir, zuweilen abgewandelt, in dieser Menschenmenge wieder. Es ist dasselbe Volk mit zum Großteil noch den gleichen Menschen.
Nahe der linken unteren Bildecke, an der Spitze des Volkes, erblicken wir Mose, den Mittler des Volkes. Deshalb ist sein Gewand in zu Blau hin gedämpftem Rot gehalten. Der Gottesstab, mit dem er Wunderzeichen gewirkt, ist ihm mehr beigegeben, als daß er ihn mit der Linken festhält, sich darauf stützt. Sein rechter Arm – wieder mit linker Hand –, weil die Rechte Gott, dem eigentlich Wirkenden, vorbehalten ist, weist nach oben. In Gesicht und Hand findet sich der Widerschein göttlichen Lichtes, herrührend von steter Gottbegegnung. Es fällt auf, daß dem vorangehenden Mose die Strahlen fehlen. Der Grund dafür: »Der Herr sprach zu Mose: Geh, zieh mit dem Volk, das du aus Ägypten heraufgeführt hast, fort von hier, in das Land hinauf, von dem ich Abraham, Isaak und Jakob mit einem Eid versichert habe: Deinen Nachkommen gebe ich es. Ich sende einen Engel, der dir vorangeht...« (Ex 33,1–2a). Gott selbst zieht in seinem Engel dem Volk voraus.
Meist muß dieser vorausziehende Engel – seinem geistigen Wesen entsprechend – auch für Mose unsichtbar gewesen sein, sonst wäre die Frage unverständlich: »Mose sagte zu dem Herrn: Du sagst zwar zu mir: Führ dieses Volk hinauf! Du hast mich aber nicht wissen lassen, wen du mitschickst... Sieh diese Leute an: Es ist doch dein Volk! Der Herr antwortete: Mein Angesicht wird mitgehen, bis ich dir Ruhe verschafft habe« (Ex 33,12a.13b.14).
Gott zieht seinem Volk voraus. Sein »Angesicht wird mitgehen«. Deshalb finden wir das göttliche Licht – gleichsam reflektiert – in Gesicht und Hand des Mose, ein wenig gedämpfter in den Personen der zweiten Reihe, in Aaron mit dem Priesterturban, in dem Mann mit der roten Torarolle, dem Bundesbuch, daneben in Josua, dem Diener des Mose, erkennbar durch das angedeutete Schwert, und in dem kleinen Jungen. Diese Einstrahlung des »Angesichtes Gottes« verstärkt sich inmitten des Volkes und läuft dann – wie eine Lichtschneise – bis zum Zugende. Gott zieht voraus und geht zugleich mit.

Gott aber zieht nicht nur mit seinem Volk, unten auf der Erde. Gott schwebt zugleich über seinem Volk. Um das anzudeuten, bedient sich der Künstler eines weiteren Bildelementes. Am rechten oberen Bildrand schwebt ein Brautpaar in der Luft. Im Buch Jesaja wird Jerusalem und dem Gottesvolk gesagt: »Wie der junge Mann sich mit der Jungfrau vermählt, so vermählt sich mit dir dein Erbauer. Wie der Bräutigam sich freut über die Braut, so freut sich Gott über dich« (Jes 62,5). Schaut man sich das über dem Volk schwebende Brautpaar näher an, so fällt auf, daß der Künstler den Bräutigam sehr groß und die Braut sehr klein gemalt hat. Das zeigt nicht nur die Ungleichheit des Brautpaares: der große Gott erwählt sich ein kleines Volk zur Braut, sondern damit ist ein zweites Bild der Bibel aufgenommen: Gott trägt sein Volk wie ein Vater sein Kind. In diesen zwei miteinander verschmolzenen Bildern wird die Zuwendung Gottes, seine Geborgenheit schenkende, bräutliche und väterliche Liebe emotional erfahrbar. Gottes Liebe waltet über seinem Volk.

Gott ist da: auf der Erde, an der Spitze, inmitten seines Volkes, am Zugende, und zugleich über ihm schwebend. Doch auch damit nicht genug! Der Künstler holt Mose, wie im Titelblatt des Zyklus, ein zweites Mal ins Bild. Wir erblicken ihn auf dem Berg Sinai in weißem Licht. Hier wieder mit den Strahlen, dem Widerschein der Gottbegegnung! Mose schwebt mehr als er kniet, und auch die Tafeln des Bundes, die er dem Volk darbietet, schweben mehr als daß sie gehalten werden. Um der Tafeln willen ist Mose hier zum zweiten Mal im Bild, denn in den Tafeln des Bundes, in seinem Wort, ist der Herr ebenfalls mit seinem Volk. Das Volk hat es jetzt in der Hand, ob es Gottes segnende Nähe erfährt: »Wenn ihr dem Herrn, eurem Gott, dient, wird er dein Brot und dein Wasser segnen. Ich werde Krankheiten von dir fernhalten. In deinem Land wird es keine Frau geben, die eine Fehlgeburt hat oder kinderlos bleibt. Ich lasse dich die volle Zahl deiner Lebenstage erreichen« (Ex 23,25.26). So steht Gott seinem Volk auch zur Rechten, und einige schauen zu den Tafeln empor.

Und ebenso ist der Herr seinem Volk zur Linken. Wir sehen die Wolke, die das Volk schon durch das Schilfmeer begleitet hat und es seitdem nicht mehr verließ. Daß es um diese besondere, gottgewirkte Wolke geht, hat Marc Chagall deutlich gemacht durch ein wenig eingewischtes Goldgelb, die Farbe des göttlichen Lichtes, durch ihr deutliches Umgrenztsein, das es sonst bei Wolken so nicht gibt: Füße, Beine, Gestalten sind darunter sichtbar, und schließlich durch den Engel, der mit grünen Flügeln und blauen Armen über der Wolke schwebt, sich gleichsam von ihr tragen läßt. Auch im Engel und in der Wolke ist Gott gegenwärtig, sowie in dem Geheimnis, das sie verhüllt, dem Zeltheiligtum.

Im letzten Kapitel wird die Weihe des Heiligtums und der Priester berichtet. Das Buch Exodus schließt mit den Worten: »Dann verhüllte die Wolke das Offenbarungszelt, und die Herrlichkeit des Herrn erfüllte die Wohnstätte. Mose konnte das Offenbarungszelt nicht betreten, denn die Wolke lag darauf, und die Herrlichkeit des Herrn erfüllte die Wohnstätte. Immer, wenn die Wolke sich von der Wohnstätte erhob, brachen die Israeliten auf, solange ihre Wanderung dauerte. Wenn sich aber die Wolke nicht erhob, brachen sie nicht auf, bis zu dem Tag, an dem sie sich erhob. Bei Tag schwebte über der Wohnstätte die Wolke des Herrn, bei Nacht aber war an ihr Feuer vor den Augen des ganzen Hauses Israel, solange ihre Wanderung dauerte« (Ex 40,34–38).

Das ist Exodus: Gott steht an der Spitze, inmitten und am Ende seines Volkes. Gott begleitet sein Volk auf der Erde und schwebt zugleich über ihm. Gott umfängt sein Volk zur Rechten und zur Linken. So ist Gott. Exodus – das ist die Erfüllung der von JAHWE Mose gegebenen Verheißung: »Ich bin mit dir« (Ex 3,12).

Vom selben Autor sind im Echter Verlag weitere Bände zum Werk Marc Chagalls erschienen:

Wie schön ist deine Liebe

Bilder zum Hohenlied im Nationalmuseum der Biblischen Botschaft Marc Chagall in Nizza

Zu den Chagallfenstern in St. Stephan, Mainz:

Band I **Der Gott der Väter**
Bilder und Texte zum Mittelfenster

Band II **Ich stelle meinen Bogen in die Wolken**
Bilder und Texte zu den flankierenden Mittelfenstern

Band III **Herr, mein Gott, wie groß bist du!**
Bilder und Texte zu den seitlichen Fenstern

Band IV **Die Himmel der Himmel fassen dich nicht**
Bilder und Texte zu den Querhausfenstern

echter